DELEGADO DE POLÍCIA FEDERAL

Guia completo sobre como se preparar para a carreira

MARCELO PESSOA DE AQUINO FRANCA FILHO

DELEGADO DE POLÍCIA FEDERAL

Guia completo sobre como se preparar para a carreira

- O começo dos estudos
- As razões da escolha pela carreira de Delegado de Polícia Federal
- Relato da trajetória nos concursos
- Aprovação final, nomeação e posse
- Método de estudo utilizado
- Análise completa das principais fases do último Concurso
- A instituição, a carreira, o cargo e seus desafios
- Depoimento de colegas de carreira
- Mensagem final

2021

www.editorajuspodivm.com.br

www.editorajuspodivm.com.br

Rua Território Rio Branco, 87 – Pituba – CEP: 41830-530 – Salvador – Bahia
Tel: (71) 3045.9051
• Contato: https://www.editorajuspodivm.com.br/sac

Copyright: Edições *Jus*PODIVM

Conselho Editorial: Eduardo Viana Portela Neves, Dirley da Cunha Jr., Leonardo de Medeiros Garcia, Fredie Didier Jr., José Henrique Mouta, José Marcelo Vigliar, Marcos Ehrhardt Júnior, Nestor Távora, Robério Nunes Filho, Roberval Rocha Ferreira Filho, Rodolfo Pamplona Filho, Rodrigo Reis Mazzei e Rogério Sanches Cunha.

Diagramação e capa: Marcelo S. Brandão *(santibrando@gmail.com)*

A654	Aprovados - Delegado de Polícia Federal / Marcelo Pessoa de Aquino Franca Filho – Salvador: Editora JusPodivm, 2021. 176 p. (Aprovados) Inclui bibliografia ISBN 978-65-5680-167-4 1. Concursos. 2. Delegado de Polícia Federal. I. Franca Filho, Marcelo Pessoa de Aquino. II. Título.

CDD 341.33312

Todos os direitos desta edição reservados a Edições *Jus*PODIVM.

É terminantemente proibida a reprodução total ou parcial desta obra, por qualquer meio ou processo, sem a expressa autorização do autor e das Edições *Jus*PODIVM. A violação dos direitos autorais caracteriza crime descrito na legislação em vigor, sem prejuízo das sanções civis cabíveis.

Aos meus pais, por todo
exemplo e dedicação ofertados.
À minha noiva, por todo
companheirismo e cuidado.

Agradeço especialmente também aos
colegas Márcio Nascimento Lopes, Leônidas
Ribeiro Júnior, Ozildo Borges de Brito, Letícia
Santin Garcia Marx e Márcio Teixeira por
compartilharem suas valiosas experiências, que
compõem a Parte VI deste livro.

APRESENTAÇÃO DA COLEÇÃO

O principal propósito da coleção **Aprovados** é direcionar você, leitor, que se prepara para uma carreira pública, com informações e dicas de quem já foi aprovado.

Notamos que a trajetória do *concurseiro* até a aprovação geralmente envolve etapas que costumam se repetir em quase todas as preparações, quais sejam:

- a decisão pelo concurso;
- o começo dos estudos;
- a temida etapa "fiquei por uma questão";
- a possível vontade de desistir;
- aprovação na primeira fase;
- estudos e aprovação na segunda fase;
- preparação e o dia da prova oral;
- aprovação, finalmente!;
- nomeação e posse.

E, fazendo uma associação entre essa constatação e a famosa frase de Robert Baden-Powell no sentido de que *"não existe ensino que se compare ao exemplo"*, compreendemos a importância de reunir em livros relatos e dicas de preparação de profissionais aprovados nas mais diversas carreiras públicas (em excelentes colocações) a respeito de como estudaram e como superaram cada fase, desde a preparação até a nomeação e posse.

Dessa forma, cada título da coleção *Aprovados* tem como foco uma carreira, da qual foi selecionado um profissional/autor que trata das etapas mencionadas no formato "depoimento" ou "entrevista", a depender do autor.

Em outras palavras, em cada capítulo do livro você se sentirá mais próximo de seu sonho, ao ver que a batalha para a posse, apesar de ser uma árdua caminhada, é possível de ser vencida.

A expectativa, enfim, desta coleção é expor os caminhos pelos quais passou alguém que um dia desejou o que você, leitor, deseja agora.

Aproveitem e boa leitura a todos!

Mila Gouveia
Coordenadora da coleção *Aprovados*

NOTA DO AUTOR

Em um país que vive um clima geral de insatisfação com o poder público, seja em razão da sua ineficiência, seja em razão dos recorrentes atos de improbidade que permeiam o seu funcionamento, algumas instituições ainda têm despertado a aprovação e admiração da população. É o caso da Polícia Federal. É difícil encontrar quem teça críticas, de qualquer espécie, à atuação da PF. Pelo contrário, o que se verifica é uma elevadíssima estima pelas operações e investigações realizadas.

Não se pode negar que isso se deve ao fato de que a atividade policial e investigativa é realmente algo diferenciado, instigante e até mesmo heroico e, por isso, desperta a curiosidade e o fascínio popular nos quatro cantos do mundo. Não é à toa que é frequentemente enredo de romances literários, filmes e seriados. A própria atividade da PF, além de constante objeto de reportagens, já foi retratada em programas televisivos e seriados.

Por outro lado, não tenho dúvidas de que essa admiração também é mérito da instituição e dos seus integrantes, que têm empreendido uma atuação corajosa e republicana no combate à criminalidade, principalmente a do colarinho branco. Prova disso é que têm sido realizados trabalhos monumentais, de prestígio internacional, que alcançaram até mesmo os postos mais elevados de poder, mudando o curso da história política e social do Brasil.

É muito bacana poder fazer parte de algo assim.

Esse é o meu caso.

Eu me chamo Marcelo Franca, conto com 26 anos na data da edição desse livro e me graduei em Direito pela Universidade Federal da Paraíba no ano de 2016. Com muita satisfação, posso dizer que atualmente exerço o cargo de Delegado de Polícia Federal, tendo sido aprovado na primeira colocação no mais recente certame, que teve seu início em junho de 2018 e posse da primeira turma de aprovados em novembro de 2019.

Passado o momento de quase êxtase que é o da investidura e primeiros meses de exercício, tão logo me adequei à rotina de minhas funções, entrei em contato com a editora para começar a escrever este livro. As intenções que possuo ao redigi-lo são várias.

Em primeiro lugar, trago o relato da minha trajetória de preparação até a posse, de forma bem objetiva, para que os leitores possam conhecer e aprender com a história de alguém que se dedicou bastante, enfrentou reprovações, cometeu erros e acertos, mas, ao final, com perseverança, chegou ao cargo de Delegado.

Também trago aqui, de maneira bem direta e simples, alguns métodos, fontes de estudo e estratégias de aprendizado que utilizei na minha preparação.

Parte dessas práticas, longe de comporem fórmulas mágicas da aprovação milimetricamente desenvolvidas, podem pelo menos ser encaradas como princípios básicos da preparação, e as apresento com o intuito de que o leitor possa utilizá-las de forma a dar a qualidade necessária aos seus estudos. Também trago algumas práticas que são bem pessoais. Quanto a essas, não espero que sejam adotadas cegamente, mas analisadas e testadas, para que assim possam ser aplicadas, ou, ao menos, servir de exemplo e fonte de inspiração.

NOTA DO AUTOR

É inegável que há, nesse oceano que compõe o mercado preparatório para concursos, muita informação enganosa, exagerada, inútil, de baixa qualidade, oriunda de muitos profissionais que, ávidos por obter algo em troca, prometem métodos mirabolantes, planejamentos minuciosos, fórmulas mágicas, ou simplesmente apresentam conteúdo de má qualidade, que muitas vezes acabam por prejudicar e frustrar os candidatos. Gostaria muito que todos soubessem que, na verdade, fórmulas mágicas e teorias infalíveis não existem nos concursos. Aos leitores, com quem desejo fazer deste livro uma conversa franca, desde já alerto que não tenho a pretensão de apresentar uma fórmula única de preparação.

Coloquei ainda, ao longo do livro, um pouco das minhas impressões sobre as inseguranças, dúvidas e dificuldades que todo candidato vivencia no início e ao longo de sua trajetória.

Apresento também uma detalhada análise do tão peculiar certame público para o cargo de Delegado Federal, em todas as suas principais fases: prova objetiva, discursiva, teste físico, prova oral e curso de formação profissional. Procuro transmitir a minha experiência com relação ao concurso, no que ele se assemelha e no que se diferencia dos demais, a preparação específica para as respectivas fases e conselhos sobre como enfrentá-las.

Por fim, como um grande entusiasta da atividade da Polícia Judiciária, destino uma parte do livro para falar um pouco sobre a instituição, a atividade, o cargo de delegado, a estrutura do órgão, exemplos de sucesso dentro da carreira e dificuldades iniciais que tive no trabalho.

No mais, quero dizer que este livro é uma realização pessoal de quem queria muito colocar em papel, como já dito, tudo aquilo que vivenciou, de forma bem franca e honesta para, quem sabe, ajudar na preparação das próximas gerações que ingressarão na carreira.

Assim, sem mais, vamos começar nossa conversa. Desejo muito sucesso a todos, uma jornada "concurseira" fecunda, um profícuo e realizador futuro exercício do cargo de Delegado de Polícia Federal e, claro, uma proveitosa leitura deste volume.

SUMÁRIO

PARTE I
BREVE RELATO DA MINHA TRAJETÓRIA 15

PARTE II
CONSELHOS SOBRE O INÍCIO DOS ESTUDOS 31

Por que optar por concursos públicos? 31

Por que escolher ser delegado de Polícia Federal? 36

Quando começar a estudar? 39

Insegurança e desorientação no início da jornada 41

PARTE III
COMO ESTUDEI 43

Planejamento e foco de longo prazo 44

Escolhendo o objetivo final 46

Fixando as metas de curto e médio prazo 48

Formando uma base de conhecimento 53

Estudando a Lei Seca 56

Estudando jurisprudência 58

Fazendo questões 62

Revisando 64

Atividades físicas e vida social 65

Internet e redes sociais 68

PARTE IV
O CONCURSO PARA O CARGO DE DELEGADO DE POLÍCIA FEDERAL ... 71

Últimos concursos e o que esperar dos próximos ... 71

Composição do concurso ... 73

A prova objetiva ... 74

A prova discursiva ... 88

O exame de aptidão física ... 97

A prova oral ... 108

O curso de formação, formatura e posse ... 111

PARTE V
A INSTITUIÇÃO E A CARREIRA ... 119

A história da Polícia Federal ... 119

A Polícia Federal hoje ... 121

O cargo de delegado de Polícia Federal ... 126

Começando o trabalho: lotações iniciais e desafios ... 129

Exemplos de sucesso dentro da carreira ... 130

PARTE VI
DEPOIMENTOS DE COLEGAS DE CARREIRA ... 133

Márcio Nascimento Lopes ... 134

Leônidas Ribeiro Júnior ... 140

Ozildo Borges de Brito ... 143

Letícia Santin Garcia Marx ... 148

Márcio Teixeira ... 153

PARTE VII
PERGUNTAS E RESPOSTAS DIRETAS ... 159

PARTE VIII
MENSAGEM FINAL ... 165

I

BREVE RELATO DA MINHA TRAJETÓRIA

Ingressei no curso de Direito da Universidade Federal da Paraíba, aos dezessete anos, em 2011. Como grande parcela dos estudantes de direito, durante um bom tempo de curso, não tinha a menor ideia de qual carreira gostaria de seguir quando saísse da universidade.

Penso que isso se deve ao fato de que o estudante de direito pouco conhece acerca da realidade do mundo jurídico, quando ingressa nos bancos da faculdade. Não se tem muita ideia de quais são as atribuições dos principais cargos e instituições jurídicas, e muito menos sobre o funcionamento do concreto exercício dessas atribuições. Pouco se sabe sobre o que realmente é postular, julgar, acusar, defender e investigar. Pelo menos, eu não sabia.

Diferentemente de muitos outros cursos superiores, como a medicina, engenharia, economia, em que o conhecimento adquirido nos anos escolares serve como que uma introdução ao que se estudará nas universidades, para o estudante de direito, descortina-se um mundo completamente novo, o mundo da "norma", do "processo", do "delito", da "ação". Tenho a impressão de que, somente mais ou menos do meio para o fim do curso, adquirimos a real noção de como as coisas funcionam.

Mesmo assim, ainda nesse período de "desorientação" de início do curso, no ano de 2012, quando eu me encontrava no segundo ou terceiro período, surgiu o edital do concurso público para técnico judiciário do Tribunal Regional Federal da 5ª Região. Se pouco sabia sobre direito, nada sabia sobre como estudar para um concurso público. Seguindo o encorajamento dos meus pais, inscrevi-me em um curso presencial na minha cidade e estudei medianamente. Prestei o concurso e o resultado não poderia ser outro: reprovado!

Lembro que o resultado foi impactante para mim, pois alguns colegas de faculdade conseguiram ser aprovados e alguns até mesmo convocados. Dentre os amigos mais próximos, tive o pior desempenho. Acostumado a ir bem nas provas da escola e no vestibular, percebi que, no mundo dos concursos, a coisa muda de figura e é necessária uma dedicação mais profissional.

Apesar do revés, me animei para prestar futuros concursos. Enquanto eles não vinham, foquei minha atenção no curso de direito, procurando amadurecer e me situar melhor no mundo jurídico. Esse amadurecimento veio principalmente com a atuação prática. Realizando estágios profissionais, me dei conta de como é, na prática, a atuação de cada órgão.

Meus primeiros estágios foram cumpridos em um escritório privado e, em seguida, na advocacia da Caixa Econômica Federal. Foram estágios de extremo proveito. O escritório era mais artesanal, contava com poucos advogados e alguns estagiários. Já no setor jurídico da Caixa, a estrutura é semelhante à de escritórios privados sólidos e com abastados recursos. Havia vários advogados, diretores, apoio administrativo, equipamentos e estrutura de ponta.

BREVE RELATO DA MINHA TRAJETÓRIA

Logo depois da Caixa, passei no concurso de estagiário da Justiça Federal. Estagiei por cerca de um ano na 7ª Vara Federal da Paraíba. Conhecer "por dentro" o funcionamento de uma Vara é muito importante para que vejamos como os juízes encaram o processo e as partes, além de entendermos o quão complexo é o trâmite de uma demanda judicial.

Atuando nesses dois cenários, pude comparar a realidade prática de quem postula e de quem julga. Afeiçoei-me bastante pela atividade processual de postular. Achei bastante instigante defender argumentos e, principalmente, poder ver nossas pretensões acolhidas pelo juízo. Por outro lado, percebi que a gestão do processo, tanto burocraticamente como juridicamente, é uma atividade bem mais trabalhosa e complexa. Não tenho receio em dizer que a responsabilidade maior no jogo jurídico é do judiciário, que tem a última palavra sobre a questão controvertida.

Aqui cabe um parêntese para ressaltar que, assim como ocorre com a quase totalidade dos estudantes de direito, ficou fora da minha formação a atividade da polícia judiciária. Hoje, com uma visão de quem atua na área, percebo ser uma infelicidade o fato de que é muitíssimo pouco comum que estudantes de direito realizem estágios em delegacias de polícia judiciária, cuja vocação principal é desenvolver investigações criminais, no bojo das quais relevantes questões jurídicas são resolvidas.

A questão vai mais além. A verdade é que a atividade da polícia judiciária historicamente não recebeu a devida atenção do Direito. Se o processo penal já não é figura muito prestigiada pela ciência jurídica brasileira (a propósito, confiram a ótima publicação dos professores Alexandre Morais da Rosa e Aury Lopes Junior disponível em https://www.conjur.com. br/2017-jul-28/limite-penal-quando-cinderela-processo-penal-ganha-novas-roupas), muito menos o é a fase investigativa da persecução criminal. Isso gera um ciclo em que também os alunos de direito não se interessam ou mesmo não percebem que existe um campo jurídico muito amplo e importante na atividade policial judiciária.

A juridicidade das atividades da polícia investigativa é verificada de diversas formas. No curso da apuração, o delegado escolhe meios de produção de provas, analisa os elementos colhidos e decide sobre a configuração dos elementos do conceito analítico do crime. Ademais, sob um aspecto mais formal, atua para garantir que a investigação, em todos os seus atos, caminhe de forma legítima, tanto no sentido da licitude das provas colhidas, como no da garantia dos direitos do investigado.

O delegado também analisa a presença de indícios de autoria e materialidade e decide sobre o recolhimento à prisão dos investigados, ao lavrar autos de prisão em flagrante, determina a apreensão de bens que interessem à investigação, representa pelo deferimento de medidas cautelares, celebra colaboração premiada, entre vários outros atos que muito interessam à ciência jurídica criminal.

Por essas razões, lamento o fato de ser ainda pouco explorado o direito da investigação criminal e pouco difundidas na academia, as atividades de polícia judiciária. Mas, após essa breve, porém importante pausa, retomemos a narrativa da minha trajetória.

Por volta do meio do curso, surgiram novas oportunidades de concurso. Uma delas, por exemplo, em 2013, para o cargo de Analista Judiciário do Tribunal Regional do Trabalho de Alagoas. Nunca fui muito afeiçoado à área trabalhista e não era o cargo que eu desejava, portanto, não sentia o mínimo ânimo para estudar. O resultado não poderia ser outro: reprovado mais uma vez.

Acredito que realmente só comecei a estudar de forma séria para os concursos públicos quando, em 2015, comecei a me preparar para o Exame de Ordem. A preparação para a OAB é bem semelhante ao estudo para concursos. Apesar de ser uma prova relativamente mais fácil, a forma como o conhecimento é cobrado e, por conseguinte, a maneira de estudar, são bastante semelhantes. Foi nessa época que conheci os cursinhos, que muito me ajudaram a formar uma boa base. Consegui a aprovação no exame de ordem ainda no 8º período (quarto ano) da faculdade e um bom amadurecimento no estudo.

Nesse mesmo ano, prestei o concurso para a Advocacia Geral da União. Nessa época, eu já estava em um ritmo mais acelerado de estudos e havia conseguido uma boa evolução na minha bagagem de conhecimento. No entanto, ainda havia muitas lacunas na minha preparação. Por exemplo, eu sequer estudava jurisprudência, pilar que hoje vejo ser essencial na preparação. Apesar de reprovado, obtive uma nota muito próxima ao corte. Isso me animou, de certa forma, porque mostrou que eu estava no caminho certo.

Na primeira metade de 2016, com toda a correria e exigências típicas de último semestre, passei algum tempo sem estudar com rigor. Concluída a graduação, sabia que havia chegado a hora de me decidir quanto ao foco dos meus estudos. Reunindo toda a experiência que adquiri nos anos de faculdade, os assuntos e atividades que mais me interessavam, somados à minha vontade de, um dia, ter a possibilidade de morar na minha cidade natal, decidi estudar com foco nas carreiras jurídicas federais (Defensoria Pública da União, Magistratura Federal, Ministério Público Federal e Polícia Federal).

Mesmo assim, ciente de que, para ingressar na maior parte dessas carreiras, eu teria de antes obter meus três anos de prática jurídica, resolvi também prestar alguns concursos de advocacia pública, que não exigiam tal requisito. Ao passo em que decidi qual seria meu foco de estudos, também precisava trabalhar, tanto para poder me sustentar, quanto para poder adquirir a atividade jurídica necessária aos concursos almejados.

Diante disto, tirei minha carteira da OAB e comecei a advogar. Fui atrás de clientes, recebia indicações de parentes, amigos e principalmente da minha tia, que já era advogada experiente e me deu grande apoio. Assim, aos poucos, as coisas iam caminhando. Nunca tive escritório fixo, quando precisava, atendia os clientes no escritório de minha tia. Sempre que os honorários de uma causa estavam acabando, aprecia um cliente novo, ou saía um alvará, meio que inesperadamente, para me dar um fôlego. Nunca fiquei sem clientes e ganhando um pouquinho de cada um, podia sustentar meus gastos com combustível, lazer, etc.

Antes de poder prestar os concursos que eu realmente desejava, fiz outros cujas provas eram realizadas na minha cidade ou em cidades próximas. Participei de concurso para advogado de empresas públicas, procurador municipal, entre outros. Em nenhum deles cheguei a ser convocado.

Em 2017 prestei concursos que se tornariam minhas primeiras aprovações. Fiz concurso para o cargo de Analista Judiciário do Tribunal de Justiça do Estado de Pernambuco, obtendo a primeira colocação no meu polo na prova objetiva e caindo para a quinta, após a redação. Também prestei concurso para Advogado da DATAPREV (trata-se de uma empresa pública federal com sede em Brasília), sendo aprovado na oitava colocação. Fui convocado mais tarde, mas não assumi.

Considero que o ano de 2018 foi, de fato, o ano do ápice do meu amadurecimento nos concursos. Tinha obtido um bom ritmo e bagagem de conhecimento. As aprovações nos certames do TJ/PE e da DATAPREV, mesmo não sendo o meu foco, me faziam ver que estava no caminho certo.

Assim, nesse ano, prestei um dos concursos que marcaram minha trajetória: o de Defensor Público do Estado de Pernambuco. Apesar de ainda não ser o meu foco, esse concurso me animou bastante, por poder me proporcionar uma lotação muito próxima à minha cidade natal. Há comarcas no Estado de Pernambuco que se encontram a apenas quarenta minutos de distância da minha casa. Ademais, foram abertas cerca de 50 (cinquenta) vagas, e circulava a notícia de que o Defensor Geral havia prometido nomear todos os candidatos aprovados.

Mesmo estudando para a área federal, adaptei um pouco meus estudos, em um momento mais próximo da prova e prestei o concurso. Obtive uma excelente nota na primeira fase, ficando classificado por volta da trigésima posição. Pela primeira vez, iria realizar uma prova discursiva jurídica. Preparei-me para a segunda fase de forma bastante intensa. Contratei um cursinho de peças e questões, fiz várias simulações, cheguei a virar noites estudando, na iminência da data da prova.

Neste ínterim, surgiu o edital para o concurso de Delegado da Polícia Federal. Estava me preparando para a prova da Defensoria Pública, com todas as minhas forças e sinceramente perdi o foco em relação a outros concursos. Tinha a intenção de fazer a prova, mas acabei perdendo a inscrição.

Felizmente, fui aprovado na fase discursiva do concurso da Defensoria Pública, passando para a (temida) prova oral. A preparação ocorreu de maneira ainda mais intensa. Também contratei um cursinho, treinei sozinho, estudei e participei de simulações com colegas.

A primeira prova oral do concurseiro é sempre um motivo de muita ansiedade e preocupação. De fato, trata-se de um momento de muita exigência do candidato, em que é necessário aprender a expor oralmente o conteúdo, o que envolve um treinamento tanto da parte jurídica como da extrajurídica (oratória e técnicas específicas para provas orais).

Precisamos começar do "zero" em termos de preparação específica para esse tipo de prova, de modo que, no início, foi um pouco desesperador. No entanto, a evolução veio aos poucos, principalmente com os treinamentos simulados que pude fazer com concorrentes conterrâneos.

Dessa forma, paulatinamente, fui passando de um completo perdido e inseguro candidato, a alguém que acreditava estar bem preparado para a fase oral. Minha confiança também se inflou ao ouvir dos colegas e professores do cursinho preparatório de que participei, que a prova seria mais classificatória e pouquíssimos seriam reprovados. Para ser aprovado, bastava não ter um "branco" total.

Chegado o dia da prova oral, naturalmente me sentia bastante ansioso. Achei as questões difíceis, mas sabia relativamente bem a resposta de todas. Finalizada a prova, lembro, como se fosse hoje, o peso que tirei das minhas costas ao sair daquele prédio com a sensação de dever cumprido. Que felicidade!

Minha família já tinha saído em viagem de férias havia uma semana aproximadamente. No mesmo dia, embarquei um avião e fui me juntar a eles. Era uma viagem de quinze dias. Sentia-me tranquilo, pois sabia que havia dado duro, vencido a batalha e agora estava em meu momento de paz, de sossego. O dia da divulgação do resultado seria apenas um dia para coroar o que já era esperado.

Coincidentemente, o resultado da prova oral estava marcado para o dia em que nós retornamos de viagem. Assim que desci do avião, liguei o telefone celular. Já havia várias mensagens no nosso grupo informando que o resultado saíra. Todos se parabenizavam, pela aprovação e pelas boas notas. Olhei minha nota. Baixa. Foi bastante frustrante. Pensei logo que não havia ido bem, e iria cair várias posições, atrasando a nomeação. Parei para pensar um pouco melhor. Espera aí, quanto era a nota mínima mesmo? Lembrei: 6,00. Minha nota? Acho que algo em torno de 5,69. Nunca havia tido uma decepção tão grande.

Contrariando minhas certezas e minha autoconfiança, havia sido reprovado. Foi um momento muito difícil. Junto comigo, apenas mais um conterrâneo, de um grupo de umas dez pessoas, havia sido reprovado. Resolvemos recorrer. Ele conseguiu a aprovação com o recurso e se juntou aos demais 200 aprovados. Eu não. Fui o único do meu estado natal, reprovado na prova oral.

Na prova oral de Defensor, assim como são a maioria das provas orais realizadas pelo CEBRASPE, cada matéria (civil, processo civil, penal, processo penal, etc.) recebe uma nota composta por metade do valor atrelado ao conteúdo da resposta (o termo formal é "domínio do conhecimento jurídico"), e metade do valor atrelado a quesitos que chamarei aqui, para facilitar, de "extrajurídicos" (os termos formais são "emprego adequado da linguagem", " articulação do raciocínio", "capacidade de argumentação" e "uso correto do vernáculo").

Analisando a composição da minha nota, verifiquei que, apesar de ter pontuado bem na parte referente ao conteúdo, havia obtido notas péssimas nos quesitos referentes à parte extrajurídica. Em algumas questões, um dos examinadores havia me atribuído notas próximas a zero! Não imaginava que isso poderia acontecer, principalmente porque saí da arguição achando que havia me saído bem. Não parava de pensar o quão injusta havia sido a minha reprovação.

"Quando eu teria essa chance de novo?", "Daqui a quanto tempo estarei realizando uma prova oral novamente?", "Anos, possivelmente...". Essas foram algumas das coisas que passaram pela minha cabeça e tenho certeza que passam na cabeça de muitos concurseiros, no momento da reprovação. Apesar de ter sido um grande impacto, não demorei a me reerguer.

Na semana seguinte, passei a procurar os concursos que estavam próximos. Felizmente havia dois concursos com inscrições abertas, nos quais eu tinha total interesse. O primeiro era para o de Promotor de Justiça do Ministério Público da Paraíba, um concurso magnífico e no meu Estado. O segundo era, vejam só, o concurso para Delegado de Polícia Federal. O concurso de Delegado havia sido suspenso por decisão judicial proferida em ação civil pública promovida pelo Ministério Público Federal. O edital havia sido republicado e as inscrições reabertas.

Eu me inscrevi em ambos os concursos. A prova da primeira fase do concurso do Ministério Público estava marcada para uma semana antes da Polícia Federal. Minha perspectiva não era a de ser aprovado, tendo em vista que, desde minha reprovação na Defensoria Pública de Pernambuco até a prova para Delegado, estudei apenas as matérias próprias da área federal e não estudei algumas disciplinas do edital, tais como Medicina Legal e a Legislação Estadual. Mesmo assim, acabei sendo aprovado para a segunda fase do MP.

Uma semana depois, foi realizada a prova da Polícia Federal. Além de focar nas matérias da área federal, estudei também criminologia, que estava prevista no edital e com a qual nunca tivera contato antes. Também me preparei especificamente para a prova subjetiva do cargo de Delegado, tendo em vista que as provas discursivas e objetivas ocorrem no mesmo dia.

Deixei o local da prova de Delegado sem saber muito bem como havia me saído. Mais tarde, ao corrigir o gabarito, me assustei em como tinha ido bem na primeira fase. Coloquei meu resultado no famoso "olho na vaga" e, veja só, mesmo depois de várias notas inseridas, eu continuava entre os primeiros lugares. É uma sensação excelente, não posso negar. O resultado oficial saiu depois de alguns dias e, para minha grata satisfação, fui o terceiro colocado, apenas alguns décimos atrás dos dois primeiros.

Ver mais uma vez o nome na lista de aprovados é uma sensação indescritível, mesmo sabendo que algumas fases do certame ainda estão por vir. Pude perceber com clareza que o meu amadurecimento no concurso da Defensoria Pública foi fundamental para o meu desempenho no certame da Polícia Federal. Mesmo sendo cargos tão diferentes, ainda são carreiras jurídicas, e o tipo de prova não deixa de ser semelhante.

A fase seguinte às provas objetivas e subjetivas é o exame de aptidão física. Quando recebi o resultado da aprovação nas primeiras fases, não tinha ideia de como era o exame. Achava que por ter sido atleta e gostar de praticar musculação, não seria difícil me preparar. Não podia estar mais enganado. Foi uma preparação bem difícil. Nas minhas primeiras tentativas de simular o exame, sequer conseguia completar o teste de natação e de corrida.

Tinha aproximadamente um mês para me preparar e vi que precisava de uma providência mais agressiva. Nesse curto espaço de tempo, por indicação de um colega que já havia se preparado para o exame físico da Polícia Rodoviária Federal, me socorri de um educador físico. Foi o que me salvou. A preparação foi intensa, em regra treinando duas vezes ao dia: corrida e treino de força pela manhã e natação à noite. Foi um mês de muita evolução.

O dia do teste físico é um misto de emoção e tensão. Foi possível levar acompanhantes previamente cadastrados. Meus pais me acompanharam e torceram muito. As minhas provas foram realizadas no período da manhã, sendo que a mais difícil para mim, o teste de corrida, foi realizada por último, com um sol a pino. Um momento de verdadeira superação para a maioria.

Havia alguns que tinham mais facilidade na corrida e outros, como eu, que tinham receio da reprovação. Terminamos as provas exaustos. A cada teste vencido, um peso das costas é retirado. Ao final de tudo, a sensação é indescritível. Eu me sentia como um super herói. Pais e demais acompanhantes abraçam seus candidatos e o momento é de muita comemoração.

Com a publicação do resultado do exame físico, constatei que estava na primeira colocação. Imaginem o quão inacreditável era olhar para aquela lista e me ver como primeiro colocado. Há apenas aproximadamente cinco meses estava olhando para uma lista em que estava estampada a reprovação na minha primeira prova oral, pensando comigo que demoraria anos para que tivesse outra oportunidade tão boa. Agora realizaria mais uma prova oral, num concurso ainda mais desejado que o primeiro.

Decidi logo que dessa vez não deixaria acontecer o mesmo novamente. Desde minha reprovação não parava de pensar em como poderia ter melhorado minha nota. Ademais, revendo o vídeo da minha prova oral anterior, apesar de não ter achado meu desempenho ruim, procurei perceber cada detalhe em que falhei: minha postura, gesticulação, capacidade de exposição, dicção, etc. Portanto, para somar à minha preparação, investi em três sessões com uma Fonoaudióloga. Foi um excelente investimento, que me trouxe grandes ganhos de qualidade.

Além das sessões fonoaudiológicas, não fiz qualquer cursinho para a prova oral de Delegado. Achei que o cursinho de prova oral da Defensoria era suficiente para aprender o que era necessário. Agora, sabendo como funcionavam as coisas, poderia me preparar sozinho. Ademais, já havia gasto muito dinheiro com preparação nesse ano, e não podia gastar mais. A preparação foi individual, estudando em alto ritmo e treinado sozinho.

No final de 2018, estava em Brasília para prestar a prova oral. A ansiedade não era tão grande quanto a da primeira prova oral, mas ainda era significativa. Como sempre faço, estudei no hotel até cair no sono, um dia antes da prova. No café da manhã, como é típico nessas situações, já se encontram os candidatos de paletó. Lá mesmo, arrumei alguns concorrentes para dividir o táxi e me dirigi ao local de provas.

Não sei se os leitores sabem, mas é padrão nas provas orais que os candidatos aguardem todos juntos em um espaço de isolamento (ou confinamento) antes de serem chamados para a sabatina. É um momento de pico de ansiedade. No concurso de delegado, ficamos em um auditório gigantesco. Enquanto na defensoria ficávamos numa pequena sala esperando, com cerca de trinta pessoas, aqui estávamos em um auditório com mais de trezentas pessoas. Conversa para todo lado. Ansiedade a mil.

Fomos chamados, um a um, para realizar a prova. Depois do auditório, ainda somos levados a uma pequena sala com cerca de dez pessoas, formando-se uma fila de candidatos, sentados. Novamente somos chamados, um por um, para entrar na sala de prova. A cada candidato convocado, o imediatamente anterior pula um lugar na cadeira e vai avançando na fila, em direção à porta da sala. Quando mais perto da porta estamos, mais aumenta a ansiedade. E assim, chega a nossa vez de sair e entrar no ambiente em que a banca examinadora nos espera.

Entrei na sala de provas, sentei-me, cumprimentei os quatro membros da banca (um membro por matéria) e, por um momento, parei, refleti e pensei o seguinte: "você sabe o que fazer, já foi bem na Defensoria, corrigiu o que havia de ser corrigido. Agora tem o conteúdo e a oratória. Tranquilidade e cumpra a missão". Li as questões e iniciei as respostas, pela mais fácil. As perguntas complementares foram sendo feitas e eu as respondi com tranquilidade. Usei todas as técnicas que já havia aprendido. Era claro para mim, no momento da prova, que minha desenvoltura havia melhorado muito desde a oral da Defensoria.

Saí com a sensação de dever cumprido. No táxi de volta, conferi na internet algumas respostas que havia dado com mais incerteza e, felizmente, havia respondido corretamente. Dessa vez a chance não me escapava. Voltei para casa e aguardei o resultado.

Era uma manhã qualquer quando o resultado saiu. Estava conversando com meu pai quando ele me mostrou a publicação. A aprovação estava lá e com nota quase máxima. A prova valia no total 16.00 pontos e eu havia obtido a nota de 15.80. Nos quesitos "extrajurídicos", que outrora haviam me reprovado, não havia perdido nenhum ponto. E mais, continuava em primeiro lugar. Inacreditável! Como são as coisas não é mesmo? De reprovado numa oral à quase perfeição em outra. Que dia!

Enfim, passada a prova oral, temos os exames médicos. Cabe aos candidatos providenciar todos eles. São inúmeros exames: cardíacos, neurológicos, psiquiátricos, entre outros. Todos repletos de requisitos e detalhes. Há sempre um grande receio quanto aos resultados dos exames, bem como de não entregar tudo conforme exigido pelo edital. Inclusive deixo logo claro que no concurso da Polícia, essa fase reprova sim e não são ínfimas as eliminações. Muitas enfermidades, até mesmo comuns, são consideradas motivos de eliminação. Por isso tanto receio nessa fase.

Aprovado nos exames médicos, realizamos a avaliação psicológica. Mais uma vez, nos concursos policiais temos uma fase que efetivamente reprova, diferentemente do que ocorre em outros concursos. Felizmente, deu tudo certo. Em seguida, a fase de títulos, apenas classificatória. Não possuía nenhum, portanto sequer compareci ao local de entrega.

Nesse meio tempo, prestei a fase discursiva do MP/PB. Havia me preparado pouquíssimo. Não fiz nenhum cursinho. Desde o concurso da PF estava inteiramente focado nele. Felizmente, acabei sendo aprovado também para a fase oral. Ocorre que, na data da inscrição definitiva, eu ainda não possuía o tempo de atividade jurídica necessário. Até protocolei o pedido de inscrição definitiva, junto com todos os documentos necessários, mas a inscrição foi indeferida. Não tinha tempo para discutir juridicamente o indeferimento, devido ao meu foco no concurso da PF.

O resultado final do concurso da PF saiu na data de 31/05/2019. Apesar de já ser esperado, foi muito, mas muito comemorado. Não consigo nem descrever a sensação de ver todo o esforço sendo recompensado, todo entusiasmo por ingressar na admirada profissão, toda a alegria dos familiares. É um momento único.

A partir de então começam todos os preparativos para o Curso de Formação Profissional (CPF). São inúmeros itens a serem adquiridos. Algemas, coldres, calças, gandola, botas, kits de primeiros socorros, óculos de proteção, cintos táticos, etc. Começamos a procurar saber os "bizus" para sobreviver ao CFP. Tudo vira expectativa. O curso de formação é uma experiência extraordinária e que nos marca para toda a vida. Meu relato sobre o CFP, nomeação e posse está em capítulo próprio deste livro, de modo que não relatarei aqui também para não me tornar repetitivo.

Este, em síntese, é o relato da minha trajetória. Ele poderia continuar com as ricas experiências e com os relatos da nossa atuação profissional, que é um *show* à parte. Vivemos na Polícia Federal experiências muito interessantes e "exclusivas", que em nenhuma outra profissão do país, temos a chance de viver.

Sei que não trouxe uma história extraordinária, com acontecimentos impressionantes ou emocionantes, mas espero que algo desse breve e resumido relato, seja revertido, agora ou no futuro, de forma positiva, servindo de inspiração, lição ou exemplo para os leitores.

Uma mensagem final mais completa poderá ser encontrada na última parte do livro. Espero que as próximas páginas sejam de grade valia para os que almejam ombrear conosco na Polícia Federal.

II

CONSELHOS SOBRE O INÍCIO DOS ESTUDOS

Esta parte do livro é dedicada a repassar tudo que considero que seja relevante para ajudar o leitor no início da sua jornada, desde a escolha por prestar concursos públicos, aos motivos que podem ajudá-lo a decidir ingressar na carreira de Delegado de Polícia Federal.

POR QUE OPTAR POR CONCURSOS PÚBLICOS?

Se você ainda está na faculdade de Direito, ou em qualquer outra fase da vida, e ainda não decidiu se irá prestar concursos públicos ou seguir uma carreira jurídica na advocacia, espero que esse capítulo possa ajudá-lo a tomar essa decisão.

Considero que a escolha por buscar a aprovação em um concurso público é um divisor de águas na vida do profissional do Direito. Digo isso, pois o nosso sucesso no setor privado e no setor público depende de diferentes fatores. Quanto antes você decidir se deseja uma carreira pública ou privada, mais cedo poderá focar seus esforços naquilo que te proporcionará os melhores frutos. E, como estive em ambos os lados, na advocacia privada e nas provas de concursos, creio estar apto a acrescentar algo de valor para uma tomada de decisão.

Sob minha ótica, são **pontos em comum** que determinarão o sucesso na carreira privada e também nos concursos públicos: estudo, aprofundamento e amplitude de conhecimento. Tanto o bom advogado como o concurseiro aprovado dominam a teoria e prática do direito brasileiro, de uma forma ampla. Conhecem o direito positivo, bem como seus fundamentos e princípios, sabendo raciocinar juridicamente. Esses são diferenciais para qualquer bom profissional, seja público ou privado. Portanto, estudar muito é sempre necessário.

Por outro lado, aquele que deseja seguir na advocacia, deve ter mais apego ao empreendedorismo, desenvolver habilidades interpessoais e comunicativas, criar seu *networking* e ir atrás de oportunidades e nichos de trabalho. Precisa ainda ser inovador e pensar em caminhos criativos para concorrer no mercado, sob pena de cair na vala comum do tão saturado mercado da advocacia.

Já o concurseiro, tem uma jornada sempre mais solitária e recolhida. Precisa aprender a lidar com a falta de interação e manter sólida disciplina na rotina de estudos. Tem de aprender a buscar bons conteúdos e fontes de estudo, a desenvolver método de estudo, absorção e revisão. Precisa de um bom controle emocional, psicológico. Precisa também desenvolver uma aptidão para provas de concurso público. É o que chamo de ser "bom de prova". Também é necessário desenvolver a paciência e serenidade para encarar uma trajetória em que não se vê tão depressa os resultados dos seus esforços, sempre confiando no crescimento paulatino e nos frutos que o futuro "distante" reserva.

Quando optei por seguir uma carreira pública, levei em consideração todos os pontos acima elencados.

CONSELHOS SOBRE O INÍCIO DOS ESTUDOS

Como já havia passado pela advocacia, tive a oportunidade de ver que, apesar de ser uma atividade com muitos aspectos positivos, preferia os pontos positivos que a carreira pública apresenta. Portanto, ao escolher fazer concursos, tinha em mente os seguintes pontos positivos:

1) Depender de mim para ter sucesso

Os fatores de sucesso para o ingresso em um cargo público estão majoritariamente ligados ao próprio candidato. Seu sucesso depende da sua disciplina, capacidade de se organizar, de escolher boas fontes de estudo, de não desistir, de saber estudar, de saber fazer prova, etc. Isso significa que nós, concurseiros, não precisamos da aceitação de terceiros, de vir de uma boa família, de ter dinheiro (embora isso inegavelmente ajude), de ter bons contatos, de uma primeira impressão numa entrevista de emprego.

Não ignoro a forte desigualdade social que existe no mundo, que torna, de certa forma, todo tipo de concorrência um pouco desleal. Apenas digo que nos concursos públicos, seus reflexos são bem menores que na iniciativa privada. A impessoalidade e objetividade dos certames permitem que componentes dos setores menos abastados da sociedade tornem-se ocupantes de altos cargos na República. O concurso é, então, um bom fator de democracia.

Ademais, atualmente, há um fator ainda mais democratizante: a internet. A internet tornou-se uma fonte quase inesgotável de conteúdo jurídico preparatório para concursos públicos, onde, com uma boa orientação, é possível encontrar material extremamente útil com preços acessíveis. Cito como exemplo o site "www.qconcursos.com.br". Trata-se de uma fonte barata e muito rica de conhecimento. Inúmeras funcionalidades que o site ganhou permitem não só que o internauta visualize e resolva questões, como veja os comentários dos concorrentes que, diga-se de passagem, são muito bons. Considero o site uma ferramenta de preparação muito boa.

Por essas razões, se você escolheu a carreira pública, sinta-se feliz, pois, por meio de ferramentas e atitudes que cabem predominantemente a você, é possível obter sucesso.

2) A questão salarial

Uma máxima que já ouvi algumas vezes diz que: "o concurso público fecha duas portas, a riqueza e a pobreza". É bem verdade. Os bons cargos públicos oferecem salários atrativos, na média. O valor da remuneração ou subsídio dos bons cargos, somado ao fator estabilidade que te proporcionará a possiblidade de se planejar financeiramente em longo prazo, com segurança, permitirão que o concursado desfrute de uma boa qualidade de vida, caso possua responsabilidade financeira.

Por outro lado, as mais vultosas remunerações ainda estão no setor privado. Grandes advogados recebem honorários que jamais serão pagos a profissionais do setor público, por questões óbvias. De fato, há ainda hoje exceções: alguns cargos muito específicos ou distorções salariais no setor público, o que se costuma chamar de "penduricalhos", que até permitem remunerações exorbitantes, mas não é a regra.

3) A estabilidade

Para falar desse aspecto extremamente positivo dos cargos públicos efetivos, primeiramente precisamos entender exatamente o que é a estabilidade. Os manuais de direito administrativo a conceituam mais ou menos como a prerrogativa inerente aos cargos públicos efetivos, de que seu titular não será deles desprovido, desde que não sobrevenham situações previamente fixadas em lei ou na Constituição Federal.

A estabilidade no cargo público é, portanto, uma expressão do princípio da impessoalidade do direito administrativo. Isso porque a ideia por trás da estabilidade é a de que nenhum servidor público pode ser desprovido do cargo por uma deci-

CONSELHOS SOBRE O INÍCIO DOS ESTUDOS   35

são discricionária do seu superior hierárquico, mas apenas por determinados motivos previstos em lei. A estabilidade é justamente o "oposto" do poder potestativo de aplicar a demissão, que possui, como regra, o empregador privado.

Trata-se, pois, de uma da proteção do interesse público, calcada no princípio da impessoalidade. É a estabilidade que impede, por exemplo, que um Delegado de Polícia Federal não seja demitido por estar conduzindo investigação para apurar crimes perpetrados por agente político de grande influência.

É nesse sentido que digo que a estabilidade é um bom aspecto da carreira pública. Não é um privilégio, mas, sim, uma decorrência lógica do caráter público do vínculo.

Do ponto de vista pessoal do servidor, a estabilidade proporciona uma maior possibilidade de planejamento financeiro, tendo em vista que, a não ser no caso do cometimento de irregularidades, baixo desempenho ou se a fazenda pública passar por grave crise financeira, estará garantido o vínculo.

4) O exercício de uma autoridade pública, em função do bem comum

Todos os fatores já citados podem ser tidos como "laterais", benefícios que "acompanham" a carreira pública. No entanto, ainda não falei do fator principal, do cerne do que é a atividade que escolhi. Estou falando do próprio exercício da função, do múnus público desempenhado.

Não sei se você já parou para pensar, mas ao ingressar numa carreira de Estado, você será imbuído de uma autoridade. Essa autoridade fará com que você carregue em todas as suas ações no exercício do cargo, um grande peso: ser a personificação do poder público naquela pequena, porém sempre importante, fatia de atribuição. Exercer uma parcela do poder estatal, vinculado a uma finalidade, significa que o servidor será o responsável por atingir um objetivo de interesse público. Essa será sua responsabilidade. Se você não agir, ninguém agirá, e o interesse público estará comprometido, com todas as repercussões que disso advém.

Trazendo para a nossa realidade, cada investigação mal executada poderá produzir a impunidade de um criminoso. Nas delegacias descentralizadas, espalhadas nos pontos mais longínquos do país, muitas vezes a Polícia Federal é a esperança daquela região contra o desmatamento, tráfico de drogas, contrabando, tráfico de animais, desvio de recursos públicos na saúde e educação (em que a maior parte dos investimentos é feita com recursos federais) e outras mazelas afetas a nossa esfera de atuação.

Cumprindo a contento nossa função, com coragem, proatividade, estamos dando nossa parcela de contribuição para o progresso da região e do nosso país, enquanto nação. Ao mesmo tempo em que isso é uma grande responsabilidade, é também fonte de muita gratificação e motivação.

POR QUE ESCOLHER SER DELEGADO DE POLÍCIA FEDERAL?

Espero que tudo o que foi falado até agora tenha ajudado o leitor a decidir se envereda para o mundo dos concursos públicos. Após tomar essa decisão, é preciso também escolher qual carreira deseja seguir.

Neste tópico listarei alguns fatores que me fazem atualmente estar fascinado pela carreira em que me encontro e me fazem sair para trabalhar diariamente com ânimo e satisfação. Desse modo, pretendo auxiliar o leitor a escolher ou apenas ratificar sua escolha por direcionar o seu foco de estudos para a carreira de Delegado de Polícia Federal, ou, ao menos, incluí-la em suas opções.

CONSELHOS SOBRE O INÍCIO DOS ESTUDOS

Em primeiro lugar, nosso cargo nos proporciona estar extremamente **próximo da realidade**, algo que, em outras carreiras jurídicas, não é tão presente. Diferentemente de atuar em processos judicias, que se arrastam por anos, e muitas vezes versam sobre fatos que já aconteceram há algum tempo, a maioria das investigações policiais se inicia pouco tempo depois dos fatos ou mesmo quando ainda estão em curso. Uma investigação de fatos ocorridos há alguns anos, por exemplo, pode, a depender do tipo de crime e das características das provas possíveis de serem produzidas, ser considerado um "cold case" (como podem ser chamadas as investigações que se prolongam no tempo e, mesmo após o esgotamento das diligências probatórias, não apontaram a autoria do fato). Assim, temos uma sensação muito maior de proximidade com o objeto do nosso trabalho.

Além da proximidade temporal em relação aos fatos criminosos, também temos uma proximidade "física" muito intensa. O Delegado de Polícia está na linha de frente da persecução penal, em contato próximo com o crime e o criminoso, interrogando investigados, analisando provas, lavrando autos de prisão em flagrante, representando por prisões cautelares, cumprindo buscas e apreensões, prisões, etc. Essa proximidade com os eventos investigados, em toda sua amplitude, também nos possibilita enxergar com clareza os efeitos da nossa atuação.

Destaco ainda que essa realidade com a qual estamos frequentemente em contato são fatos tutelados pelo direito penal. Esse ramo jurídico incide sobre as condutas consideradas mais intoleráveis pela sociedade, e por essa mesma razão é instrumentalizado pelas ferramentas mais restritivas dos direitos do cidadão. Assim, lidamos no nosso dia a dia com as questões mais sublimes do Direito: o crime, a liberdade, a privacidade, a propriedade, entre outros.

Especificamente quanto à nossa fatia de atribuição, temos a peculiaridade de atuar na defesa de alguns dos bens jurídicos dos mais importantes e caros aos cidadãos, bem como de estar envolvidos em crimes de grande repercussão. Nossa atuação muitas vezes está relacionada a grandes operações, investigados com prerrogativa de foro, delitos cometidos em detrimento de recursos públicos da saúde, educação e previdência social. Além disso, estão na nossa alçada o tráfico de drogas, contrabando e descaminho. Também lidamos com crimes de repercussão interestadual e internacional, com crimes de pedofilia e muitos outros temas relevantes.

Outro aspecto que particularmente me gratifica, é que a atividade investigativa traz consigo a possibilidade natural de trabalhar sempre com mira em um resultado muito valoroso, que é o de alcançar a verdade. A possibilidade de elucidar um fato ainda obscuro é um combustível fantástico. Trata-se de um objetivo que muito motiva todos aqueles que têm dentro de si um espírito de determinação e curiosidade, tornando a atividade envolvente e instigante. Investigar é prazeroso por natureza.

Todos os dados já citados acabam redundando no principal ponto positivo da atividade do Delegado: a dinâmica e a falta de rotina. Encontrar em cada inquérito policial uma situação nova, com muitas possiblidades, pessoas, fatos e circunstâncias completamente diferentes, embora semelhantes a outros já investigados, nos traz um dia-a-dia sempre dinâmico e não entediante. Digo isso tudo em relação à nossa atividade principal, que é presidir a investigação. Participamos de várias outras como lavratura de autos de prisão em flagrante, planejamento e execução de operações, cumprimento de medidas cautelares tais como buscas e apreensões domiciliares, prisões, análises financeiras, fiscais, etc. Tudo acaba sendo muito dinâmico e não repetitivo.

Se a dinâmica das funções mais comuns do dia a dia do Delegado já não fosse suficiente, a Polícia Federal, como instituição, apresenta ao policial uma gama enorme de possibilidades

CONSELHOS SOBRE O INÍCIO DOS ESTUDOS 39

de atuação. A PF tem várias aéreas, ambientes e locais diferentes para trabalhar, em razão do seu espraiamento no território nacional e da amplitude das suas atribuições. Por exemplo, o trabalho nas fronteiras não é o mesmo do interior do nordeste, nem o mesmo das grandes capitais. Diferentes locais geram diferentes tipos predominantes de criminalidade.

Para completar tudo isso, ainda temos a enorme satisfação de ser a PF uma instituição muito respeitada e admirada pela sociedade. Em recentes pesquisas, a Polícia Federal tem se mostrado uma das mais confiáveis instituições entre os brasileiros. O respeito e a deferência que a população tem pelos policiais federais são muito gratificantes.

QUANDO COMEÇAR A ESTUDAR?

Espero que o que foi dito até agora tenha ajudado os leitores a decidir prestar concurso para uma carreira jurídica, quiçá a de Delegado de Polícia Federal. Então surge a pergunta: quando começar a estudar?

Desde a faculdade estudei para concursos e, mesmo que não tão bem, tenho certeza que isso contribuiu para uma progressão na minha trajetória, antecipando a data da minha aprovação. Iniciar os estudos precocemente, mesmo quando ainda na faculdade de Direito, trará os benefícios alcançados por todos aqueles que começam uma jornada mais cedo: chegar ao fim antes dos demais.

Quanto à factibilidade de conciliar os estudos para a faculdade com a preparação para os certames, considero que seja absolutamente possível. Na verdade, é bem provável que, estudando com foco nos concursos por boas fontes, você tenha um ótimo rendimento no curso.

Por isso, se você comprou este livro e ainda está nos bancos da faculdade, recomendo que esteja atento e leia boas fontes de estudo para concursos. Por exemplo, acredito ser uma boa prática adquirir um cursinho de videoaulas de qualidade ainda durante e a faculdade. Os cursinhos mais famosos, com as melhores grades de professores, fornecem conhecimento de alta qualidade e de forma muito didática para quem ainda está no início dos estudos. Hoje, depois que assisti aulas de alguns desses cursinhos, vejo que poderia ter acelerado minha preparação se tivesse estudado por eles já para as provas das faculdades.

Outra ferramenta tipicamente "concurseira", mas que é de extrema ajuda para quem ainda está na faculdade, é o site "Dizer o Direito", que possui uma das melhores didáticas que já pude conhecer.

Apesar de recomendar o estudo para concursos desde a faculdade, não recomendo que sejam ignoradas outas oportunidades que surgem ao logo do Curso, tais como grupos de pesquisa, monitoria, o próprio Trabalho de Conclusão de Curso (ou similar). Vivenciá-las é importante na medida em que só aparecem uma vez na vida. Lembre-se que você pode futuramente se interessar em fazer mestrado/doutorado ou estudar algum tema com mais profundidade. A Polícia Judiciária também precisa de profissionais com viés acadêmico.

Por outro lado, se tudo que foi dito aqui não serviu muito ao leitor, por já estar a alguns anos de distância da graduação, aí vai uma mensagem para os "velhinhos": **nunca é tarde!** Preparar-se até chegar ao ponto de estar bem para passar em uma prova leva tempo, mas não todo o tempo do mundo. Estude com disciplina e regularidade e, quando menos esperar, se verá aprovado. Com a estratégia correta, tenho certeza de que você estará preparado num futuro não tão distante. Portanto apenas comece! Tenha paciência, tanto para aprender a estudar, como para aprender o conteúdo. Um dia você estará preparado.

INSEGURANÇA E DESORIENTAÇÃO NO INÍCIO DA JORNADA

Ao decidir começar a estudar, o leitor muitas vezes sentirá bastante dificuldade. Como ensina a física mecânica, mover um corpo que está parado é naturalmente mais difícil que continuar movendo um corpo que já está em movimento. Tal como na física mecânica, quando buscamos realizar algum projeto na nossa vida, **o começo será sempre a parte mais difícil de enfrentar.** Não é diferente no estudo para o concurso. As dificuldades são sempre maiores no começo. Por isso, muitas vezes, não conseguimos dar o pontapé inicial ou então até conseguimos, mas logo esmorecemos.

"Eu não vou conseguir", "Isso é muito complicado", "Eu nunca vou saber fazer isso", "É muita coisa", "Eu estou perdido", "Olha só o tamanho desse assunto", "E se o que eu estiver fazendo não resultar em nada?", "E se eu dedicar todo esse tempo da minha vida e não for aprovado?", "E seu eu for intelectualmente incapaz?", "Minha memória é péssima", "E se eu estiver estudando errado?". Pensamentos como esse são muito comuns no início e mesmo ao longo de boa parte da sua jornada de concursos.

Acredite, eu senti isso no início dos meus estudos, meus amigos sentiram isso, todos os aprovados que conheço sentiram isso no começo. Algumas pessoas, com a "cabeça melhor" têm a percepção de que é apenas uma questão temporária. Essas pessoas também sentem todas as dificuldades e sofrem dos mesmos problemas e maus pensamentos que as demais pessoas, mas têm consciência de que é apenas uma fase passageira, e naturalmente, na medida em que vão estudando, as coisas vão se tornando mais fáceis. Outras se desesperam, desanimam e desistem.

Você deve pensar como as primeiras. Por isso, **ignore pensamentos ruins**, preguiça, desânimo, e outras "âncoras" e aguarde que gradualmente você vai pegar o ritmo dos estudos, vai começar a entender a matéria, vai começar a ter uma visão mais holística do direito, vai absorver o conteúdo e, principalmente, vai aprender a estudar.

Inclusive, destaco que **aprender a estudar** é uma etapa tão importante quanto, de fato, estudar. Os concurseiros que já se encontram em um bom nível de preparo, estando próximos ou mesmo já tendo obtido a aprovação, têm uma característica muito interessante em comum: eles são excelentes em saber como estudar. Eles sabem onde estão mais deficientes e como melhorar, sabem onde buscar determinada informação e como estudar para absorvê-la. Esse tipo de *know how* você só obtém com o tempo.

A mensagem que quero deixar com tudo isso é que o comum é que concurseiros de início de jornada sintam-se desorientados em relação a como estudar, sintam-se desmotivados, incapazes de um dia estar bem preparados, sintam-se perdidos em meio a tanto assunto, sintam-se esquecendo facilmente o conteúdo, etc. Os temas que serão abordados nos próximos capítulos, espero, começarão a dar um bom norte aos estudos do leitor. O aperfeiçoamento, ou seja, o dia em que você se tornará um craque nos estudos, somente virá com o tempo. Portanto **dê tempo ao tempo**.

Também é necessário sempre estar avaliando se você está estudando corretamente. Isso pode ser feito treinando questões, resolvendo provas e verificando seu desempenho. Falarei em tópico próprio sobre a resolução de questões, mas adianto que é uma forma, a meu ver, essencial de se autoavaliar. Caso esteja indo bem, então o remédio é o tempo. Somente o tempo te proporcionará a preparação necessária para ser aprovado. Confie e siga em frente.

III

COMO ESTUDEI

Esta parte do livro é destinada à exposição de tudo que entendo ter sido essencial para o sucesso da minha preparação. Falarei sobre o planejamento, a estratégia, a forma como estudava e as boas fontes de aprendizado que utilizei. Ao final, trato também de outros temas, tais como: lidando com distrações, vida social, redes sociais e atividades físicas.

A abordagem, nesse momento, é direcionada ao estudo do conteúdo jurídico, que é o "grosso" da preparação para as três provas principais do certame (objetiva, discursiva e oral). Questões relativas à preparação específica para a prova discursiva e oral serão abordadas na Parte IV do livro, quando tratarmos detalhadamente do concurso para o cargo de Delegado de Polícia Federal.

Antes de começar, porém, gostaria de deixar um lembrete muito importante. Boa parte do que podemos discutir acerca da preparação para concursos públicos envolve questões muito **pessoais**. Não obstante eu acredite que existam alguns aspectos da preparação para concursos de carreiras jurídicas que são obrigatórios e praticamente unânimes entre os aprovados, há muitos aspectos que são relativos e variáveis.

Sendo mais direto, o que tenho visto na minha trajetória e nos contatos com outros aprovados é que não existe um jeito único e milimetricamente definido de estudar. No máximo, existem **linhas gerais** da preparação que têm sido repetidas pela grande maioria dos aprovados em concursos de careiras jurídicas, e que, portanto, podem ser seguidas sem muita ponderação. No entanto, quando a conversa desce a níveis mais detalhistas, há muita variação entre os aprovados e tudo vai depender do que funciona melhor para o concurseiro.

Portanto, o propósito desta parte do livro é apresentar a forma como eu me preparei para o(s) concurso(s) e transmitir experiências pessoais, para que o leitor possa utilizá-las como inspiração e exemplo, e, a partir da experimentação, adequá-las na própria preparação.

Por outro lado, repito, existem algumas "vigas mestras" da preparação para concursos de carreiras jurídicas que a maioria dos concurseiros aprovados tem seguido. Quando estiver apresentando algumas dessas práticas, alertarei nesse sentido. Nesse caso, recomendo fortemente que os leitores sigam esses conselhos para não perderem tempo e não ficarem para trás na concorrência.

Feitos esses alertas, vamos começar.

PLANEJAMENTO E FOCO DE LONGO PRAZO

Antes de falar especificamente sobre como eu estudava, gostaria de falar um pouco sobre a importância de se conscientizar de que o estudo para concursos de carreiras jurídicas deve ser feito com **foco de longo prazo** e mediante a utilização de um **planejamento adequado**.

Comecemos deixando claro que o conteúdo cobrado nos concursos públicos de carreiras jurídicas é bastante vasto. Como me disse um colega certa vez, é como "um oceano com uns poucos metros de profundidade". Isso significa que não é necessário ser um *expert* nas matérias que são cobradas para passar. Os aprovados nos mais difíceis concursos do país não são, em regra, "doutores" em nenhuma das matérias, mas conhecem razoavelmente todas elas. No entanto, a quantidade de conteúdo é deveras extensa.

Além disso, é preciso que o concurseiro sedimente todo esse vasto conteúdo de forma que se crie a chamada "memória permanente", ou algo próximo a isso. Portanto, além de o conteúdo ser grande, precisamos estar constantemente revisando a matéria para garantir que ela se sedimente na nossa memória.

Fora isso, também é preciso amadurecer como concurseiro, entender como fazer provas, como estudar, como aplicar o direito, etc. Tudo isso leva tempo.

Portanto, acredito que a primeira premissa que o concurseiro deve adotar é a de que estudar para concursos de carreiras jurídicas é uma tarefa de longo prazo, devendo ser executada ao longo de meses ou mesmo anos. Em concursos, é extremamente válido o ditado: "a pressa é inimiga da perfeição". Precisamos criar essa consciência.

Existem pessoas que não compreendem essa primeira premissa, ou apesar de compreendê-la, têm "preguiça" de abraçá-la. Essas pessoas costumam estudar de forma errada porque não têm paciência para construir a sua aprovação paulatinamente. Estão sempre preocupados em ser aprovados rápido, focando na prova mais próxima, pulando de edital em edital. Vivem fazendo revisões, comprando materiais de véspera fabricados por cursinhos, lendo as revisões de jurisprudência, sem nunca ter se preocupado em construir uma base completa e sólida de conhecimento. E, assim, nunca alcançam os altos níveis de desempenho.

Em resumo, posso dizer que a aprovação em concurso de alto rendimento **não é tiro curto, mas maratona**. Quem acha que será aprovado rapidamente, por mais que se esforce, não terá sucesso.

A segunda premissa que gostaria de fixar é a de que, se temos uma tarefa extensa e complexa para cumprir, precisamos de um planejamento, caso contrário acabamos nos perdendo e andando em círculos. É preciso que seja traçado um planejamento que possibilite que todo o conteúdo necessário seja visitado de forma adequada. É salutar que esse planejamento contenha a fixação de um objetivo final e metas de curto, médio e longo prazo, de forma a possibilitar que não nos percamos no meio do caminho.

Existem muitas pessoas que estudam sem traçar um plano para visitar todo o conteúdo ao longo de um determinado prazo. Acabam (re)estudando as mesmas matérias várias vezes (normalmente as matérias que mais gostam) e sempre vão para as provas com um conhecimento incompleto. Um erro fatal.

Portado, crie a consciência de que sua preparação é um projeto de longo prazo e tenha paciência para construir o seu conhecimento com qualidade, paulatinamente. Além disso, trace um planejamento para estudar todo o conteúdo de forma completa, que faça com que seus estudos sempre sigam para frente e não em círculos. Tenha coragem e paciência para cumpri-lo.

Dito isso, passemos a falar sobre como eu fazia o meu planejamento.

ESCOLHENDO O OBJETIVO FINAL

Entendo que todo planejamento deve começar com a fixação de **um objetivo final** ou **ideal**, que pode ser a aprovação em um determinado cargo ou mesmo em uma determinada área de carreiras jurídicas.

Acho plenamente possível estabelecer como objetivo **um cargo** ou **um conjunto deles**. Muitas vezes – creio que, na

COMO ESTUDEI   47

maioria delas – o estudante não tem certeza de qual área o proporcionará a maior satisfação pessoal e profissional. Desde que se estabeleça uma área com **afinidade de conteúdo cobrado**, é plenamente possível estudar com qualidade.

Foi essa a minha estratégia. Como ainda não tinha certeza de qual área gostaria de seguir, levando em conta as matérias com as quais eu possuía mais afinidade, a vontade de um dia poder voltar para perto de casa e outras questões, optei por estudar para a área das **carreiras jurídicas federais**.

Por exemplo, considero que sejam carreiras jurídicas passíveis de conciliação de estudo:

Carreiras jurídicas federais	Defensor Público Federal, Juiz Federal, Delegado de Polícia Federal, Procurador da República, etc.
Carreiras jurídicas estaduais	Defensor Público, Juiz de Direito, Delegado de Polícia, Promotor de Justiça, etc.
Carreiras jurídicas trabalhistas	Juiz do Trabalho, Procurador do Trabalho, Auditor Fiscal do trabalho, etc.

Cada uma dessas áreas possui matérias afins nas provas objetivas, de modo que é possível focar os estudos nessas matérias, deixando as que são específicas para mais próximo do edital.

Mesmo entre as áreas federal e estadual, acredito ser possível conciliar os estudos. É muito comum que o concurseiro tenha mais afinidade com uma determinada área (federal, por exemplo), mas também preste concursos para carreiras jurídicas estaduais, adaptando seu planejamento em um momento mais próximo à prova e obtenha a aprovação. Já vi acontecer bastante. Eu mesmo, como relatei, fui aprovado para duas provas orais de carreiras estaduais.

Porém, não creio ser possível conciliar, por exemplo, a área jurídica trabalhista com outras áreas jurídicas. Outro exemplo seriam as áreas jurídicas com as áreas "não jurídicas", a exemplo da área fiscal, da área estritamente policial (cargos de agente, papiloscopista e escrivão), concursos de nível médio, entre outros.

Se o leitor já se decidiu e pretende tornar-se Delegado de Polícia Federal, ainda melhor. Direcione o seu planejamento para esse cargo.

No entanto, aqui vai um conselho: **não feche o seu leque de opções.** Se você tem um cargo em mente e tem certeza que esse é seu objetivo, não deixe de prestar outros concursos públicos. Isso por dois motivos: o primeiro é que, fazendo provas de verdade, você se acostumará com o ambiente de prova e poderá testar seu conhecimento. O segundo é que você pode acabar sendo aprovado e sendo feliz exercendo o cargo que você menos esperava. Isso não é incomum.

Mas atenção: isso não significa que você deve mudar o seu planejamento. Jamais. Continue com seu planejamento e estudos direcionados ao cargo ou área que almeja. Apenas passe também a realizar provas de outros cargos similares, deixando abertas as portas que a vida lhe apresenta.

FIXANDO AS METAS DE CURTO E MÉDIO PRAZO

Escolhido o cargo ou os cargos que são o objetivo do leitor, é hora de dar uma olhada no conteúdo programático previsto no edital, pois aquele é o roteiro da sua preparação.

Uma pergunta que me fazem bastante é se é preciso **vencer todo o edital** para ser aprovado. Minha resposta é sempre a de que estudar todo o conteúdo programático, pelo menos sob uma perspectiva geral, deve ser a meta do concurseiro.

COMO ESTUDEI 49

Como assim sob uma perspectiva geral? Significa que não é preciso se ater a todos mínimos detalhes dos editais, mesmo porque muitos daqueles "subpontos" jamais foram cobrados. No entanto, não negligencie pontos inteiros das matérias previstas, como se fossem menos importantes e muito menos matérias inteiras. Conheço pessoas que tentam ser aprovadas em determinados concursos sem sequer ter estudado adequadamente matérias menores. Por exemplo, no concurso de Delegado de Polícia Federal, seria como prestar prova sem ter estudado direito civil, criminologia ou processo civil, que são cobrados em menor quantidade de questões.

É possível passar sem ter estudado essas matérias? Sim. Nada é impossível, mas torna-se mais difícil. Você estará perdendo uma oportunidade boa de pontuar, pois toda matéria tem suas questões fáceis, médias e difíceis. Se você estudar minimamente essas matérias será capaz de acertar, pelo menos, as questões fáceis.

Passemos então a falar sobre como exatamente eu fixava minhas metas de curto e médio prazo.

O primeiro passo era dividir as matérias do edital em **assuntos**. Por exemplo. Se eu escolhi começar por direito constitucional, devo escolher o primeiro "assunto" previsto no edital. Por exemplo, no edital do último certame de Delegado de Polícia Federal, considero que o ponto 1 e 2 constituem um "assunto" único. Veja:

"1 Direito constitucional. 1.1 Natureza, conceito e objeto. 1.2 Perspectiva sociológica. 1.3 Perspectiva política. 1.4 Perspectiva jurídica. 1.5 Fontes formais. 1.6 Concepção positiva. 2 Constituição. 2.1 Sentidos sociológico, político e jurídico; conceito, objetos e elementos. 2.2 Classificações das constituições. 2.2.1 Constituição material e constituição formal. 2.2.2 Constituição-garantia e constituição-dirigente. 2.3 Normas constitucionais. 3 Poder constituinte: fundamentos do poder constituinte; poder constituinte originário e derivado; reforma e revisão constitucionais; limitação do poder de revisão; emendas à Constituição."

Tanto o ponto 1 quanto o ponto 2 tratam da introdução ao direito constitucional. São assuntos que não estão necessariamente no texto positivo da Constituição, possuindo um tratamento mais teórico. O próximo assunto é controle de constitucionalidade, que já quebra um pouco essa noção introdutória. Sob a minha perspectiva, se eu havia decidido estudar direito constitucional primeiro, esse ponto tornava-se a minha **primeira meta de curto prazo.**

Adotava como estratégia, estudar todo o conteúdo ligado a este ponto, fazer questões relacionadas, elaborar meu resumo, conhecer a jurisprudência sobre o tema, etc. E assim, só prosseguia para o próximo assunto quando dominasse completamente esse primeiro, não importando quanto tempo isso demorasse.

A divisão do edital em "assuntos" pode ser feita por você mesmo ou pode ser adquirida pronta. São muitos os produtos no mercado que oferecem este tipo de divisão, mais comumente são chamados de **editais esquematizados, destrinchados, mapeados, dissecados, etc.** Eu, por exemplo, já utilizei o edital esquematizado do Eduardo Gonçalves (http://www.eduardorgoncalves.com.br/) e gostei bastante.

Desde que a proposta não seja montar um cronograma, mas apenas fazer uma abordagem detalhada do edital, dividindo-o por assuntos e produzindo algo que oriente o estudo dentro de cada um, acho que é um produto excelente.

Um aspecto importante da minha preparação era que eu não tinha como meta qualquer tempo mínimo ou máximo de estudo diário. Para mim, não é a quantidade de tempo de estudo atingido que determina se a meta foi ou não cumprida, mas o **conteúdo vencido**. A premissa por trás dessa estratégia é a de que horas de estudo não garantem acertar questões, o que garante acertar questões é o conhecimento absorvido.

Assim, minhas metas eram divididas apenas em assuntos estudados. Se estudei uma hora e absorvi o conteúdo que me propus a estudar, tendo feito tudo aquilo que fixei como meta (questões, resumo, jurisprudência relacionada, etc.), passava a diante. Se estudei dez horas e não consegui vencer aquele assunto, cumprido minhas metas, não passava adiante.

Não pensava em "estudar três horas de direito constitucional" e em seguida "estudar três horas de direito processual penal". Para mim, isso não faz o menor sentido, afinal, se eu tiver estudado três horas, mas não tiver absorvido direito o que estudei, qual o motivo de passar adiante para o próximo assunto? Para mim, horas de estudo não significam absolutamente nada.

Penso que **construir sua aprovação é como levantar uma edificação**. Seu trabalho só estará finalizado se todos os tijolos estiverem bem assentados. Não há outro jeito de terminar o prédio, mas apenas colocando um tijolo sobre outro, repetidamente, até ele estar completo. Não são horas de trabalho que poderão mudar esse fato. Com isso, quero deixar claro que, para mim, muito mais importante do que tempo despendido é saber que você, no melhor ritmo que você conseguir, está, de fato, construindo seu conhecimento de forma adequada, ou seja, colocando os tijolos um em cima do outro corretamente.

Obviamente, isso não significa que eu não me preocupava em estudar durante muito tempo ao longo do dia. Na verdade, eu estudava sempre que podia, seja em casa, seja na espera de um médico, seja na fila de um banco. A minha preocupação principal era estar estudando. Essa é a ideia.

Além disso, eu **normalmente não estudava duas matérias ao mesmo tempo**. Apenas passava para a outra matéria quando havia acabado a primeira. Se eu havia começado a estudar direito constitucional, só mudava de matéria quando tivesse esgotado o conteúdo. Assim, na maioria das vezes, estudar matérias traduziam-se nas minhas metas de **médio prazo**.

Obviamente o primeiro ciclo de aprendizado demora muito mais a ser finalizado, e muitas vezes eu permanecia até uns vinte dias em uma determinada matéria, até esgotá-la. Não me preocupava com isso, na medida em que, como já disse, meu foco era de longo prazo. Já quando revisava, também esgotava um assunto ou matéria por vez, mas agora conseguia finalizar bem mais rápido, por exemplo, uma matéria por semana, ou menos.

Conforme já ressaltei, o principal motivo que me levava a adotar esses métodos é que para mim não fazia sentido parar antes de terminar um assunto ou uma matéria, de forma a "quebrar" a linha de raciocínio. Por exemplo, se eu estivesse estudando o assunto "atos administrativos", não faria sentido parar de estudar esse assunto e voltar para estudar o resto em outro dia. Muito melhor, penso eu, é terminar todo o assunto, obtendo uma visão completa. Por essa razão, eu nunca estive preocupado em cronometrar meu tempo de estudo e gostava de ver as matérias de uma vez só.

Pois bem, dividindo o edital em assuntos e estabelecendo uma ordem para estuda-los a longo prazo, apenas seguia em frente no meu planejamento e, quando terminava, começava a fazer as revisões.

Meu objetivo de **longo prazo** era que, quando o edital do meu concurso alvo fosse publicado, eu já tivesse feito o primeiro ciclo de estudos (mais demorado), e então pudesse começar as revisões.

Espero que tenha transmitido bem o meu planejamento e estratégias de estudos. Sei que o nosso instinto natural é o de querer atingir nossos objetivos de maneira mais rápida e, por isso, tendemos a rejeitar planejamentos que privilegiem a qualidade em detrimento da velocidade de aprendizado. No entanto, acredito que isso acaba atrasando mais do que acelerando a aprovação.

FORMANDO UMA BASE DE CONHECIMENTO

É muito comum que se diga que o conhecimento necessário para a aprovação pode ser dividido em três pilares básicos. São eles:

1) Doutrina

2) Lei seca

3) Jurisprudência

Acredito piamente nessa premissa. Basicamente porque são as três "fontes" (num sentido mais amplo), das quais as bancas de concursos extraem o conteúdo para elaborar questões. Sob o ponto de vista do concurseiro, esses pilares se distinguem quanto à forma de estudar cada um deles.

Prefiro encarar o primeiro pilar, a doutrina, de uma forma diferente. Estudar doutrina para mim é sinônimo de formar uma **base de conhecimento jurídico.**

O termo "doutrina" vem do Latim *docere*, que é o verbo "ensinar". Se o leitor buscar em algum livro de introdução ao estudo do Direito o conceito de doutrina, obterá algo mais ou menos assim: doutrina é a produção de conhecimento dos juristas que se dedicam ao estudo, teorização e interpretação do Direito.

No entanto, entendo que, no que se refere a concursos públicos, a doutrina deve ser encarada como a absorção de um conhecimento jurídico essencial, básico, uma noção geral da matéria, extraído de videoaulas, materiais de cursinhos, livros, resumos e apostilas, que vão te dar o substrato necessário para poder entender a matéria e avançar na preparação.

Quanto à forma de estudar, a diferença entre os citados "pilares" é que estudamos a doutrina justamente por meio desses materiais já citados, enquanto a lei seca é estudada diretamente a partir do texto legal e a jurisprudência de materiais especializados em reproduzir e comentar os julgados dos tribunais, como o blog Dizer o Direito, que citarei mais a frente.

O importante é entender que o estudo da doutrina é justamente o pontapé inicial e o estudo da lei seca e da jurisprudência vêm sempre em seguida.

Além de ser o ponto de partida, a doutrina é o "grosso", a essência, o cerne da nossa preparação, nossa fonte principal de aprendizado. É dos livros, apostilas e cursinhos que tiramos a maior da parte do conhecimento para a aprovação.

Portanto, acredito que um dos pontos essenciais do nosso estudo consiste em escolher boas fontes para formar essa base jurídica.

Boa parte da minha base foi formada inicialmente com um **cursinho de videoaulas para carreiras jurídicas**. Esse cursinho me deu um alicerce sólido para progredir a minha preparação. Como parte até da minha estratégia de revisão, comecei a montar meus cadernos (resumos), a partir desse cursinho. Assistia as aulas e anotava tudo num resumo em ".doc". Fiz isso com a maioria das matérias, dentre elas Penal, Direito Processual Penal, Direito Administrativo, Direito Constitucional, Direito Civil.

A contratação de um cursinho de videoaulas no início da preparação é uma experiência que eu recomendo a todos. Sei que há muitos que não gostam e não se adaptam às videoaulas, mas para mim funcionou muito bem. Contudo, alerto: dificilmente você será aprovado apenas com elas, sendo necessário depois complementar seu estudo, como falarei mais adiante.

Em outras matérias, como Direito Tributário, Direito Empresarial e Direito Financeiro, não assisti a videoaulas. Formei minha base por livros.

Aqui atenção! Boa parte dos livros de doutrinadores famosos e mais renomados não são boas fontes de aprendizado para concursos. Na verdade, em algumas matérias, sequer estudei por livros de doutrina, mas por apostilas, resumos ou mesmo materiais produzidos por cursinhos.

Existem vários sites, blogs e perfis de rede sociais que fazem recomendação de doutrina para preparação para cada cargo. Sugiro que visitem esses canais, conversem com candidatos aprovados e façam uma pesquisa geral, antes de escolher suas fontes de estudo, dando preferência a recomendações de pessoas já **aprovadas nos mesmos cargos** que vocês desejam alcançar.

Quando preferia o material escrito às videoaulas, também resumia em ".doc", formando meu próprio caderno. Ao final do estudo de cada matéria, havia produzido, portanto, meu material, meu caderno de revisão. Possuía caderno de todas as matérias.

Conforme verificava minha deficiência em algum ponto, ia agregando ao meu estudo uma nova apostila/resumo/livro com melhores informações sobre aquele ponto, sempre acrescentando ao meu material essas informações. O mesmo era feito quando descobria uma informação nova em uma questão ou quando saia um julgado novo importante. Toda informação inovadora e relevante era acrescentada ao meu resumo. Ele estava sempre sendo aprimorado.

Quando se aproximavam as provas, eu começava a revisar a partir do meu material. Como era algo feito por mim, tinha extrema facilidade e agilidade para revisar. Conforme revisava múltiplas vezes esse resumo, ia criando uma memória visual do conteúdo, o que me ajudava bastante.

Essa, em suma, foi minha preparação na parte doutrinária, ou seja, **como eu construí a base de conhecimento** que me garantiu as condições para enfrentar as provas.

ESTUDANDO A LEI SECA

O segundo pilar de estudos, na sequência do aprendizado, é a "lei seca" ou "letra da lei". Essas são expressões que no mundo dos concursos significam a leitura do **texto legal puro**, direito na fonte.

Justamente por não ser adornada por nenhuma explicação, torna-se a parte mais cansativa e entediante do nosso estudo. No entanto, é importantíssima, na medida em que as questões cobram muitíssimas vezes a literalidade do texto normativo.

A depender da banca examinadora, a cobrança de lei seca pode ser mais ou menos intensa. A Fundação Carlos Chagas (FCC) é uma banca conhecida por apostar muito mais na lei seca. O CEBRASPE cobra muita lei seca, mas também aposta muito na jurisprudência. Isso não significa que seu estudo de lei seca deve mudar ao prestar o concurso do CEBRASPE (nosso caso). Independentemente de qual seja a banca do concurso, o candidato deve sempre estar afiado no conhecimento da letra da lei.

Além de ser **entediante**, a leitura da lei seca muitas vezes é difícil, principalmente nas primeiras vezes que encaramos um determinado texto legal. O que fazer para compreender com mais facilidade os textos normativos? A resposta não é simples. Na minha experiência, entendo que a leitura da lei seca vai se tornando mais palatável com o tempo, na medida em que

COMO ESTUDEI   57

prosseguimos na "ida e vinda" entre doutrina, jurisprudência, lei seca e revisão.

A doutrina e a jurisprudência vão nos ajudando a entender o que exatamente o texto legal quer dizer, além de nos fazerem ter uma visão global do diploma normativo, o que facilita sua interpretação. Quando voltamos a ler a lei seca, a partir dos ensinamentos e exemplos trazidos pelos outros pilares, começamos a compreender melhor o seu texto. Com o tempo, tudo vai sendo absorvido. É preciso paciência.

Minha segunda dica é **aliar o estudo da lei seca com a jurisprudência e doutrina da respectiva matéria**. Essa é uma dica que envolve o planejamento e método de estudo do concurseiro e, portanto, é bem pessoal e deve ser avaliada e testada antes de ser adotada pelo leitor.

Eu nunca tinha o costume de ler a lei seca de uma matéria diferente da que eu estava estudando no momento. Se eu estava estudando Direito das Obrigações (Civil), lia, ao final do estudo do assunto, a lei seca respectiva, ou seja, o LIVRO I, da parte especial do Código Civil. Se eu havia estudado no dia a teoria geral do direito penal, lia em seguida o TÍTULO I da Parte Geral do Código Penal. Assim, eu estava lendo quase diariamente a lei seca, mas de forma conectada ao conteúdo que havia estudado mais cedo.

Dessa forma, a leitura fluía com bem mais facilidade, e a compreensão daquele texto frio e desconectado da realidade era facilitada pelo prévio contato com exemplos práticos, princípios e lições doutrinárias. Além disso, se no meio do estudo da doutrina era citado um determinado dispositivo com o qual eu tinha pouca familiaridade, eu procurava o texto legal para lê-lo. Trata-se de outra boa prática.

Muitas pessoas têm o hábito de montar cronogramas reservando espaços de tempo para a leitura de determinado diploma legal em determinado horário de determinado dia, sem necessariamente ter estudado a doutrina e jurisprudência da matéria logo antes. Para mim, isso não funcionava. Para melhor absorver o conteúdo da lei seca, eu precisava estar estudando a matéria.

A exceção fica por conta da **Constituição Federal**, que eu estava constantemente lendo, como um exercício diário. Em primeiro lugar, porque todas as demais matérias têm seu nascedouro no direito constitucional, assim, a leitura da lei seca da Constituição Federal sempre cai bem. Em segundo, trata-se, sem dúvida, do mais importante diploma normativo para quem está estudando para concursos.

Conhecer a Constituição Federal "de cabo a rabo" é uma obrigação de todos que prestam concursos de carreiras jurídicas, pois a sua cobrança está presente em questões de todas as matérias, sem exceção. Não dá para dar o "vacilo" de não estar com a CF na cabeça, ao prestar o concurso.

Assim, o principal recado que quero deixar quanto à lei seca é que se trata de uma tarefa cansativa e entediante (talvez a mais), mas imprescindível para a sua aprovação. Não adianta ignorar essa parte dos estudos.

ESTUDANDO JURISPRUDÊNCIA

O terceiro pilar dos estudos é a jurisprudência. Em carreiras jurídicas, o estudo da jurisprudência tem se tornado uma chave para a aprovação. Isso ocorre com mais intensidade em concursos da banca CEBRASPE, que aposta fortemente em questões envolvendo precedentes dos Tribunais. Mais a frente, veremos que somente na última prova de Delegado de Polícia Federal, observei que 32 (trinta e duas) questões da prova objetiva exigiram como tema principal algum julgado relevante. A jurisprudência também foi fortemente exigida na prova subjetiva e na prova oral.

Entretanto, antes de mais nada, vamos definir alguns conceitos.

Os **informativos de jurisprudência** são publicações periódicas divulgadas pelos Tribunais a respeito de julgados relevantes proferidos por seus órgãos. O STF, por exemplo, publica informativos semanais, enquanto o STJ publica informativos quinzenais. Os Tribunais oferecem gratuitamente essas publicações em seus sites, mas, como explicarei mais adiante, não recomendo que seu estudo seja feito apenas pelo informativo publicado.

Já as **súmulas** são a consolidação concreta da jurisprudência, ou seja, são a materialização da jurisprudência em um enunciado simples. O Tribunal, reconhecendo já ter formado um entendimento majoritário a respeito de uma determinada questão jurídica, tem o dever de formalizar esse entendimento por meio de um enunciado. As súmulas são extremamente importantes e muito cobradas nos concursos públicos. Errar uma questão que exija a literalidade de uma súmula é uma falha que não se pode cometer.

O que costuma cair nos concursos, na quase totalidade das vezes, eu diria, são as **súmulas** e os precedentes dos Tribunais Superiores, divulgados nos seus **informativos** periódicos. Para nosso concurso, os Tribunais que importam são o STJ e o STF.

Ressalto que mesmo precedentes isolados podem ser cobrados em sua prova, quando muito importantes, embora seja mais comum que se cobrem precedentes consolidados, ou seja, que reflitam a jurisprudência fixada naquele determinado tribunal. Além deles, são cobradas as súmulas desses dois tribunais. Você não fará uma prova sem que sejam cobradas algumas questões de entendimentos sumulados.

Em suma, para ser aprovado é necessário que o candidato esteja afiado no conhecimento do conteúdo dos Informativos e das Súmulas do STF e do STJ.

Bem, antes de falar sobre como estudar jurisprudência, acho interessante dizer que aprender a jurisprudência dos tribunais superiores é uma das formas mais agradáveis de estudo, principalmente com as ferramentas que temos a nossa disposição hoje em dia. Lembre-se que a própria Constituição Federal e normas processuais exigem que toda decisão judicial seja solidamente fundamentada. Assim, haverá uma "explicação" de como órgão julgador construiu seu raciocínio. Isso torna a informação contida naquele julgado muito fácil de ser absorvida.

Considerando que a jurisprudência é contínua, ou seja, os Tribunais estão a todo tempo produzindo julgados, faz-se necessário estar afiado com a jurisprudência de qual período?

Sob meu ponto de vista, consolidou-se informalmente um consenso no meio dos concursos de que é de bom alvitre que o concurseiro bem preparado esteja antenado com a jurisprudência dos **três últimos anos**, contados da data da realização da sua prova. Diante disso, esteja atualizado com todos os informativos das matérias que estão previstas no edital do seu concurso nos três últimos anos e com as súmulas (todas) desses Tribunais.

Ademais, é importante que o candidato conheça os julgados mais relevantes dos Tribunais, mesmo que sejam mais antigos. Há vários julgados históricos, especialmente no âmbito do STF, que são muito importantes para realização de provas de concursos.

Alerta: é comum e já aconteceu inclusive comigo, que as bancas avaliadoras exijam, nas fases subjetivas e orais, o conhecimento de julgados que foram divulgados mesmo após a realização das provas objetivas. Ou seja, as bancas cobram julgados recentíssimos, com a finalidade de avaliar se o candidato permanece se atualizando com a jurisprudência formada após a realização das provas escritas. É um golpe pesado, porém é válido e acontece.

Explicado tudo isso, vamos a como eu estudei a jurisprudência.

Inicialmente, caso você ainda não conheça, é preciso ser avisado de que é uma unanimidade no meio dos concursos que a melhor fonte de estudo de jurisprudência é o *blog* "Dizer o Direito" (www.dizerodireito.com.br).

O Dizer o Direito é um *blog* editado pelo Professor e Juiz Federal, Márcio André Lopes Cavalcante. Atualmente, referido professor conta com vários livros publicados, em sua maioria afetos ao tema da jurisprudência dos Tribunais Superiores.

O meu método de estudo de jurisprudência era realizado incialmente por meio do *blog* e, posteriormente, passou a se valer de uma ferramenta nova, o chamado "Buscador Dizer o Direito". Atualmente, em uma relação de custo e benefício, considero o Buscador uma ferramenta excelente. Aqueles que não puderem arcar com o seu custo, podem tranquilamente se valer do site comum. Essa opção vai apenas ser um pouco mais trabalhosa, mas, ao final, o resultado será alcançado.

O meu método estava focado, basicamente, em ler e resumir todos os julgados e súmulas a partir do Buscador do Dizer o Direito, juntamente com os comentários apresentados. Devo destacar que eu costumava ler e resumir todo o conteúdo oferecido pelo Professor Márcio. O conteúdo é de altíssima qualidade, talvez dos melhores produzidos no mercado de concursos.

Alguns colegas criticavam esse método de estudar jurisprudência (resumindo) por ser muito trabalhoso. No entanto, como sempre foco no logo prazo, continuei fazendo dessa forma e garanto que isso acabou sendo um enorme potencializador do meu desempenho nas provas.

Um último alerta. Além da ferramenta do Dizer o Direito, tem surgido outra de imprescindível de utilização. Mais recentemente os concursos têm cobrado a literalidade da publicação

"**Jurisprudência em Teses**" do STJ. Segundo o próprio *site* do Tribunal, trata-se de "Publicação periódica que apresenta um conjunto de teses sobre determinada matéria, com os julgados mais recentes do Tribunal sobre a questão, selecionados até a data especificada.". Aqui basta a leitura dos enunciados, sem muita sofisticação no estudo.

Gostaria de finalizar enfatizando que o estudo da jurisprudência é talvez o mais prazeroso que o concurseiro pode encontrar, e um dos mais proveitosos, pois, repito, tem se tornado cada vez mais frequente a cobrança de julgados nas provas de concurso.

FAZENDO QUESTÕES

Ao fazer questões, o concurseiro avalia se o seu método de estudo está sendo eficaz, assim como se o estudo daquele assunto específico foi bem feito. Ademais, fazendo questões, nós começamos a nos familiarizar com a forma como o conteúdo é cobrado e naturalmente vamos adaptado nossa forma de estudar à forma como o conteúdo está sendo pedido nas questões.

Sempre treinei resolução de questões pelo site www.qconcursos.com.br. Trata-se de um site que reúne um banco de dados praticamente de todas as questões e provas de concursos mais importantes. O site tem várias funcionalidades, como busca personalizada, comentários às questões (aliás, os comentários são uma importantíssima fonte de conhecimento), estatísticas de erros, entre outros. Na minha opinião, ele é mais do que suficiente para essa parte do seu estudo, até mesmo na versão gratuita, pois, da leitura dos comentários, é possível extrair as respostas corretas.

A forma de fazer questões já é um aspecto pessoal. Particularmente, eu fazia questões sempre que terminava de estudar um assunto específico. Por exemplo, se eu havia acabado de estudar o assunto "inquérito policial", partia para o site para fazer questões sobre o tema, aplicando alguns filtros. Os filtros são opções por meio das quais você pode refinar a busca por questões. Eu sempre colocava os seguintes filtros:

a) Filtro de disciplina (ex. Direito Processual Penal);

b) Filtro de assunto (ex. inquérito policial);

c) Filtro por cargo. Colocava todos os cargos de carreiras jurídicas;

d) Filtro por ano. Colocava todas as questões dos últimos dois anos.

Não achava necessário colocar filtro de Banca Examinadora, dificuldade e outros. Quando a busca resultava em muitas questões, eu reduzia algum dos filtros. Fazia questões apenas do último ano, ou filtrava menos cargos, etc.

Outra forma de fazer questões é resolvendo provas inteiras. Também é uma boa opção e permite treinar outros aspectos tais como tempo de prova. Particularmente, eu não achava necessário adotar esse tipo de prática, pois considero mais produtivo fazer questões por assunto, conforme falei. Minha visão era a de que, se eu havia resolvido todas as questões dos dois últimos anos sobre o assunto, nas provas das carreiras jurídicas, estava muito bem familiarizado com a forma com que o assunto é cobrado.

Por fim, uma dica muito importante é sempre tentar aprender com os próprios erros nas questões. Acho importante de alguma forma "capitalizar" os seus erros, seja revisando novamente aquela parte da matéria que ocasionou o erro ou anotando em algum local a informação correta. Sempre que errava uma questão, acrescentava a informação que havia errado no meu resumo.

REVISANDO

Acredito que este talvez seja o **principal ponto** de uma preparação de qualidade. Adotar um método de revisão é imprescindível para o seu sucesso.

Quando eu falo de método de revisão estou falando de alguma forma de rever o assunto já estudado de forma mais rápida. Não é viável estudar sempre da mesma forma, repetindo o mesmo procedimento de uma "primeira leitura". O primeiro contato do concurseiro com a matéria é sempre feito de forma mais calma, lendo mais teoria, se aprofundando nos conceitos, ou seja, formando a base na matéria.

A partir de então, os próximos contatos com a matéria têm de se dar de forma cada vez mais rápida, com foco naquilo que é mais importante. Portanto, o concurseiro tem de desenvolver algum meio de fazer isso.

Existem várias maneiras de revisar. O meu método de revisão era baseado na leitura dos meus próprios resumos. Como já falei, elaborei diversos resumos de cada matéria, em formato ".doc" e revisava sempre por eles. Os resumos foram construídos inicialmente a partir de uma fonte escolhida para ser minha base. A partir daí, acrescentava informações para aprimorar cada vez mais o resumo. Com o passar do tempo, os resumos ficavam cada vez melhores e mais completos, até chegar ao ponto que eles eram mais do que suficientes para fazer as provas.

Os benefícios de adotar essa prática são:

a) Ao escrever seu próprio resumo o nível de absorção do conteúdo é bem maior do que apenas lendo a matéria;

b) Os resumos em ".doc" podem ser sempre melhorados, diferentemente de resumos escritos a mão, de modo que podem tornar-se sua fonte única de estudo, com o passar do tempo;

c) Estudando sempre pelo mesmo resumo, cria-se uma memória visual do conteúdo. Poucas não foram as vezes que resolvi uma questão de prova lembrando visualmente da informação nos meus resumos;

d) A revisão de um resumo elaborado por nós mesmos é feita com bastante velocidade.

Adotar o método de revisão por resumos próprios é uma opção pessoal. Conheço muitos aprovados que não adotavam essa prática. Muitas pessoas acham que o elaborar os próprios resumos leva muito tempo. Na minha opinião, o tempo e o trabalho necessário para elaborar os resumos é compensado pelos benefícios acima citados.

Outras formas de revisar seriam: por grifos, por resumos de terceiros (cursinhos por exemplo), fichas de anotação, mapas mentais, auto explicação, etc. Enfim, acredito que o importante é ter algum método de revisão, não importando qual.

ATIVIDADES FÍSICAS E VIDA SOCIAL

Disciplina, concentração, motivação, tudo isso é importante na preparação para concursos. Acontece que manter essas boas características não depende exclusivamente do nosso esforço, pois nós estamos condicionados às nossas limitações corporais. Nosso humor, a própria motivação e capacidade de concentração estão também condicionados à química que se passa dentro do nosso cérebro.

Para fazer com que essa química trabalhe ao **nosso favor**, determinadas atitudes são universalmente recomendadas, tais como a prática de atividades físicas e o próprio contato humano, a interação com as outras pessoas.

Quanto à prática de atividades físicas, posso dizer que sempre me exercitei constantemente. Pratico vôlei de praia desde meus doze anos, de modo que esse esporte faz parte da minha vida. Isso me dá uma ligação muito boa com atividades físicas, fator que penso que me ajudou imensamente na minha trajetória.

A prática de atividade físicas é capaz de melhorar os neurotransmissores que regulam seu humor, disposição, ânimo, serotonina, cortisol, etc. Saúde é essencial para os estudos. Lembre-se, mais uma vez, que é uma atividade de longo prazo, é bem possível que você passe por altos e baixos na sua caminhada, por momentos de estresse, de tristeza, de ansiedade. Estando em paz com sua saúde, os impactos desse momento serão aliviados.

Apenas quando se aproximavam muito as provas, eu deixava as atividades físicas de lado, como, por exemplo, nas últimas duas semanas que antecederam as fases escrita e oral da Defensoria pública de Pernambuco, bem como a fase oral da Polícia Federal. Durante duas semanas estudei virando noites, sem sair de casa. É o momento do *sprint* final. No resto da maratona, a prática de atividades físicas era regular.

Ademais, lembre-se que, se você tem como meta o cargo de Delegado de Polícia Federal, há um teste físico te esperando. Quanto mais regularmente você for se preparando, mais fácil será aprovado. O teste físico da PF é um dos mais (talvez o mais) difícil dentre os testes físicos de carreiras policiais do país. Prepare-se antecipadamente.

Portanto, **uma prática constante, regular, de atividade física é importantíssima, diria até essencial**, na sua jornada de aprovação.

Além de tudo isso, acredito que há ainda mais um benefício na prática de atividades físicas: a manutenção da autoestima. A forma como nos sentimos acerca de nós mesmos é algo que afeta imensamente praticamente todos os aspectos da nossa vida, inclusive os estudos.

Ah, uma última coisa: para quem não está habituado a atividades físicas, reitero que, como tudo na vida, o mais difícil é o começo. Portanto, faça um esforço para dar o *start* e não esmorecer no começo. Iniciar uma atividade física pode parecer inicialmente uma tortura, mas a continuidade te trará o prazer de praticar a atividade e os resultados de médio e longo prazo te proporcionarão sensação de recompensa e dever cumprido.

Quanto à vida social: você precisa tê-la, é óbvio! O contato humano, as amizades, a família e a vida religiosa não podem parar por causa dos estudos. Sua carreira também é parte importante da sua vida, mas todas essas também são. Portanto, o que tenho a dizer é: equilíbrio. Sua vida não se resume ao cargo público, é muito mais que isso. Na verdade, ouso dizer que se você obtiver o cargo, mas não tiver cultivado outras áreas da sua vida, ao longo de sua jornada, claro, conforme lhe permitir, será uma pessoa verdadeiramente frustrada.

Por isso, cultive suas amizades, saia, se divirta, cultive sua fé, vá a festas se quiser, enfim, tenha vida social. Sua fé, sua família, sua a amizades podem e devem ser mais importantes que o seu cargo dos sonhos.

Mas aí há um **grande "porém"**.

Acredito que, quando se estuda para concursos, certos aspectos devem ser colocados em segundo plano. Certos "luxos", benesses, precisam ser deixadas de lado, em regra. Festas, reuniões com amigos, diversões, **precisam ser diminuídas**. Em que grau devem ser diminuídas, cabe ao concurseiro avaliar. Penso que não existem regas prontas. Cada um sabe o que é importante para si. Cada um sabe de suas necessidades e responsabilidades.

No entanto, é importante também lembrar que "ser concurseiro" não deixa de ser uma fase da vida (não dura para sempre). Portanto, deve ser uma fase de **excepcional abdicação**. Lembre-se que seu grande objetivo é o concurso público.

E muitas outras pessoas têm o mesmo sonho. A dificuldade é imensa, a concorrência é pesada. Sem abdicação, sem sacrifício, sem colocar o concurso como foco na sua vida, acredito ser muito difícil obter sucesso.

Uma boa dica é fazer amigos que estejam passando pela mesma fase que você. Ter amigos que estão inseridos nesse mundo dos concursos públicos é um alívio para a alma. Vocês terão problemas, angústias, preocupações, medos, muito parecidos. Grandes amizades são formadas ao longo da jornada para concursos. Uma das minhas maiores foi feita dessa forma. Posso dizer que sem esse companheirismo, minha história nos concursos não teria sido a mesma.

Assim, penso que o equilíbrio entre a vida social (afetiva, religiosa, etc.) e os estudos, é a chave, lembrando sempre que, nesse momento da vida, a balança deve pender para o lado do estudo, pois essa fase exige isso.

Para resumir este ponto, gostaria de deixar a seguinte mensagem: nem só de estudo é feito o concurseiro. Negligenciar outro aspecto da sua preparação é negligenciar que somos seres humanos, com as fraquezas e necessidades que nos são inerentes. Achar que vai vencer apenas estudando é um erro. Atividades físicas e vida social são parte importante da preparação. Ninguém vence essa batalha se não estiver saudável, tanto física, emocional e até mesmo espiritualmente.

INTERNET E REDES SOCIAIS

O nosso telefone celular é, sem dúvida, o maior inimigo que temos em termos de distração. O segredo é acabar com a facilidade de aceso que temos ao celular. Costumava colocar o celular em uma gaveta ou local de difícil acesso, verificando-o apenas em períodos de tempo pré-definidos (por exemplo, de hora em hora).

Para aqueles que realmente têm problema com isso, recomendo que apaguem os aplicativos como *Instagram, facebook,* etc. Cheguei algumas vezes a fazer isso, quando sentia que precisava dar um gás maior. Isso ajuda muito pois, apagando esses aplicativos, depois de um certo tempo, é como se o nosso subconsciente já assimilasse que eles não estão mais lá disponíveis para aquela "olhadinha", e, a partir de certo momento, a gente vai perdendo naturalmente a vontade de verificar o celular. E como se ele não existisse.

Outro aspecto que acho importante com relação à internet é o da exposição do concurseiro. Com a crescente "publicização" das nossas vidas em redes sociais, nós concurseiros também sentimos, muitas vezes, a vontade de fazer parte desse movimento, compartilhando nosso dia-a-dia nas redes sociais. E aí vão fotos da salinha, do canto de estudos, do livro que está lendo, do informativo, do material de estudos, do marca-texto, da frase motivacional etc. Muitos concurseiros até se tornam blogueiros dos concursos.

Na minha opinião aí reside um perigo emocional. Lembre--se que, expondo sua rotina de estudo, você está mostrando para os outros que está se esforçando para ser aprovado. Isso pode se tornar uma armadilha, na medida em que as pessoas que acompanham suas redes sociais vão ficar curiosas sobre seus resultados o que pode, a depender de cada um, aumentar a pressão.

Além disso, existem sempre pessoas (elas estão em todo lugar) que torcem para a reprovação. Sei que esse é um assunto muito pessoal e que existem pessoas que se sentem bem compartilhando suas vidas, especialmente considerando que a rotina do concurseiro costuma ser um pouco solitária. Todavia, entendo que é sempre melhor guardar seus planos e sua luta diária para você mesmo. Assim, evitam-se maiores questionamentos e olhares que, como sambemos, muitas vezes acabam nos puxando para baixo.

IV

O CONCURSO PARA O CARGO DE DELEGADO DE POLÍCIA FEDERAL

ÚLTIMOS CONCURSOS E O QUE ESPERAR DOS PRÓXIMOS

O certame para provimento de vagas no cargo público de Delgado de Polícia Federal foi realizado nas seguintes oportunidades recentes:

Ano da publicação do edital	Banca	Vagas	Inscritos
2018	CEBRASPE	150	17.816
2012	CEBRASPE	150	46.633

Antes do certame de 2012, a estrutura do concurso era sensivelmente distinta. Eram apenas cinco provas (objetiva, discursiva, avaliação psicológica, de capacidade física e exames médicos). Na prova objetiva, eram exigidos tanto conhecimentos gerais quanto específicos (P1 e P2). A prova subjetiva era composta de uma redação e não de uma peça prático profissional.

No edital de 2012, a estrutura do concurso já foi quase idêntica à do concurso de 2018 e contou com grandes inovações. Foi composta por sete fases ou provas (P1 a P7). A primeira etapa passou a exigir apenas conhecimentos jurídicos. Foi também a partir de 2012 que o concurso passou a contar com a exigência de prova oral e de prova de títulos. Quase tudo de 2012 se repetiu em 2018, incluindo índices de testes físicos, composição das notas e conteúdo exigido.

Esse movimento de mudança na composição do concurso público acompanhou a consolidação da carreira de Delegado de Polícia Federal como uma carreira de natureza jurídica e policial, de extrema relevância no sistema de justiça. Trata-se de um movimento que continua em andamento, por meio do qual a Polícia Judiciaria tem buscado se firmar como instituição independente, imparcial e paritária em relação aos demais atores processuais (judiciário, defesa, acusação) e de suma importância para a concretização de um devido processo legal.

Assim, o futuro parece ser cada vez mais a realização de concursos nos moldes do que foi realizado em 2018. Torço para que, cada vez mais, o certame torne-se mais complexo em termos jurídicos e mais voltado parra a atuação peculiar do Delegado de Polícia Federal. Quem sabe um dia não veremos ser exigidas disciplinas autônomas, tal como direito da investigação criminal, ou direito de polícia judiciária, ainda tão incipiente no nosso ordenamento jurídico, mas de tremenda aplicação prática. A valorização da carreira e da instituição, não tenho dúvidas, perpassa por um concurso público que não caia na vala comum e valorize a atuação jurídica peculiar que é exigida no exercício do cargo.

Feitas essas considerações, vamos à análise pormenorizada do certame de 2018 para, em seguida, analisar cada uma das fases detalhadamente.

COMPOSIÇÃO DO CONCURSO

O certame para provimento de vagas no cargo público de Delgado de Polícia Federal (edital 2018) foi composto das seguintes fases ou provas:

PRIMEIRA ETAPA	
Prova objetiva (P1)	Caráter eliminatório e classificatório
Prova discursiva (P2)	Caráter eliminatório e classificatório
Exame de aptidão física (P3)	Caráter eliminatório
Prova oral (P4)	Caráter eliminatório
Avaliação médica (P5)	Caráter eliminatório
Avaliação psicológica (P6)	Caráter eliminatório
Avaliação de títulos (P7)	Caráter classificatório

As provas (P1 a P7) compõem apenas a primeira etapa do concurso público. A segunda etapa é o curso de formação profissional, realizado na sede da Academia Nacional de Polícia em Brasília, de caráter eliminatório, cuja classificação é desvinculada da primeira etapa do concurso público e define a ordem de escolha da lotação inicial.

SEGUNDA ETAPA	
Curso de Formação Profissional	Caráter eliminatório e responsável por determinar a ordem de escolha das lotações

Por óbvio que quando falamos de concurso público, estamos falando na primeira etapa, que é o que de fato definirá se você se tornará Delegado. O curso de formação profissional e uma etapa muito mais voltada para aprontar o candidato para assumir o cargo que já foi conquistado. Portanto, a preparação deve ser voltada para a primeira etapa, não havendo motivos para se preocupar antecipadamente com o curso de formação profissional.

Todas as etapas são bastante difíceis. Ao contrário de outros concursos públicos, em que fases como exame médico, avaliação psicológica, exame de aptidão física, são quase que simbólicas, todas as fases do concurso de Delegado de Polícia Federal são especialmente árduas. Todas exigem do candidato alto grau de desempenho e, realmente, eliminam muitos postulantes.

Passemos a analisá-las uma a uma. Lembro mais uma vez, que toda a análise será feita com base no Edital do último concurso, com início em 2018.

A PROVA OBJETIVA

Nessa prova, o nosso certame é como em qualquer outro concurso de **carreira jurídica**. As questões versam apenas sobre direito (e criminologia) e exigem os já falados três pilares fundamentais de qualquer concurso público: jurisprudência, lei seca e doutrina.

Acho importante pontuar que, com alguns meses de carreira aproximadamente, vejo que as questões objetivas estiveram bem alinhadas com o que encontramos na prática, especialmente em delegacias descentralizadas. Relendo as questões, percebi que muitas delas trataram sobre situações com as quais já me deparei no exercício do cargo. No entanto, isso não significa que você deva restringir seu estudo apenas a pontos que sejam afins com a carreira, pois isso seria correr um risco desnecessário. Significa apenas que, quando estiver estudando uma

O CONCURSO PARA O CARGO DE DELEGADO DE POLÍCIA FEDERAL 75

capítulo IV

matéria e surgir um ponto em que você vislumbre claramente uma hipótese de atuação da Polícia Federal, deve "acender um alerta" na sua mente, prestar bem atenção e certificar-se de que gravou bem a informação.

A prova objetiva é constituída de itens para julgamento, no modelo **CERTO (C) ou ERRADO (E)**. A nota em cada item da prova objetiva é igual a 1,00 ponto, caso a resposta do candidato esteja em concordância com o gabarito oficial definitivo, de 1,00 ponto negativo, caso a resposta do candidato esteja em discordância com o gabarito oficial definitivo da prova e 0,00, caso não haja marcação ou haja marcação dupla (C e E).

Traduzindo: uma questão errada anula uma questão certa. É possível anular o item, deixando a marcação em branco, ou fazendo uma marcação dupla (certo e errado), caso em que o item não somará nem diminuirá pontos da sua nota final.

A nota em cada prova objetiva é igual à soma das notas obtidas em todos os itens que a compõem, não havendo diferenciação de peso, por matéria, ou por bloco de matérias.

A prova objetiva é composta de 120 questões, ou seja, vale um máximo de 120,00 pontos.

A primeira pergunta que os candidatos se fazem antes de enfrentar esse tipo de prova, típica do CEBRASPE, é se devemos **marcar todas as questões ou deixar algumas em branco**. A resposta para essa pergunta é controversa. No entanto, tenho um posicionamento bem consolidado e fundamentado quanto a isso.

Numa prova com questões de verdadeiro ou falso, em que a chance de acerto por marcação aleatória é de 50%, se você marcar todas as questões sem ler, a probabilidade é de acerto de metade delas. Por outro lado, sabemos que para que você seja aprovado, deve estar em um alto nível de preparo, isso é inquestionável, pois ninguém é aprovado sem que tenha atingido um bom grau de conhecimento.

Portanto, o candidato preparado sempre terá muito mais chances de acertar a questão do que errar, mesmo as mais difíceis e mesmo que chute (consciente). Dessa forma, confie em si mesmo e marque tudo, mesmo as que tenham gerado grandes dúvidas. É muitíssimo provável que seu saldo final de acerto seja positivo, de modo que seu saldo de pontuação também o será. Isso, claro, considerando que na nossa prova, o erro e o acerto de uma questão têm o mesmo peso (um ponto positivo ou negativo).

Assim, deixar questões em branco é matematicamente um erro. Se você deixar de marcar 20 questões, mesmo que esteja muito na dúvida, penso eu, chutando segundo seu raciocínio jurídico geral, terá condições de sair com um saldo positivo e somar mais pontos a sua nota final, do que se as tivesse deixado em branco.

Calculo que eu tenha ficado com bastante dúvida em pelo menos 10 questões na última proa. Marquei todas. Acertei a imensa maioria e isso me garantiu um aproveitamento global de 92,25% da prova. Em suma: **confie em si mesmo, seja frio, e marque tudo**. A estatística pesa a seu favor.

A prova objetiva teve a duração de 4 (quatro) horas e foi aplicada no turno da manhã, sendo seguida imediatamente pela prova discursiva, que também teve duração de 4 (quatro) horas e foi aplicada na mesma data, no turno da tarde.

Trata-se de uma prova não tão extensa. É isso mesmo. Uma prova com 120 questões na modalidade verdadeiro ou falso não é uma prova extensa se comparada a outras provas de concurso. Portanto, acredito que o tempo seja mais do que suficiente para terminar a prova, desde que haja concentração.

O CONCURSO PARA O CARGO DE DELEGADO DE POLÍCIA FEDERAL

Isso não significa que a prova seja mais fácil, afinal, a grande barreira na fase objetiva é a concorrência.

É importante manter a calma durante e após terminar a prova, tendo em vista que à tarde se inicia uma nova maratona. Acredito que esse modelo de prova se repetirá nos futuros concursos. Assim, não se abalar caso não tenha gostado da prova objetiva é importante, pois é difícil saber se fomos bem ou mal logo após a realização. No meu caso, achei que tivesse obtido um desempenho médio, não suficiente para a provação, logo quando saí. Inicialmente me desestimulei para fazer a prova da tarde, mas logo pensei que já tinha passado por essa experiência, e talvez tivesse ido bem. Me "reenergizei" para a realização da prova vespertina e isso foi fundamental para minha aprovação.

No concurso de 2018 foram exigidas as seguintes matérias na prova objetiva:

1) Direito administrativo

2) Direito constitucional

3) Direito civil

4) Direito processual civil

5) Direito empresarial

6) Direito internacional público e cooperação internacional

7) Direito penal

8) Direito processual penal

9) Criminologia

10) Direito previdenciário

11) Direito financeiro e tributário

As matérias estiveram distribuídas da seguinte forma:

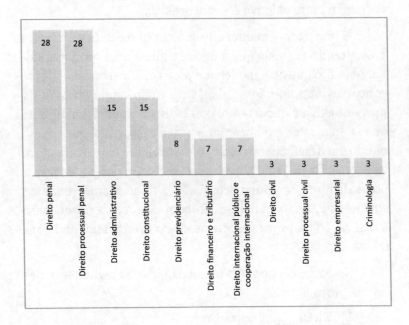

A partir do gráfico, vê-se claramente uma distribuição desigual das matérias. São bem mais cobradas aquelas pertinentes a direito penal, processual penal, administrativo e constitucional. **Isso não significa que você deve negligenciar as demais matérias.** Sendo bem franco, considero importante conhecer bem todas elas para ter garantia da sua aprovação.

Um erro muito comum e fatal é negligenciar matérias menos importantes, como se fosse possível ser aprovado sem dominá-las. Acontece que não funciona assim. É possível ser aprovado sem dominar todas as matérias do edital, mas, se você construir sua preparação com uma deficiência em alguma delas, suas chances de aprovação serão sensivelmente prejudicadas. Pode acontecer que sejam aquelas uma ou duas questões que farão diferença na sua aprovação. Não admita falha. Seja profissional e não perca a batalha contra a preguiça. Saia da zona de conforto e vença todas as matérias do edital.

Vejamos o que foi cobrado em termos de jurisprudência, questões e lei seca:

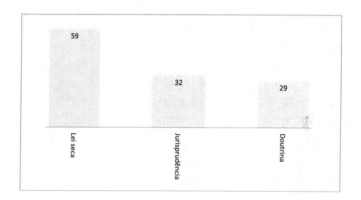

A partir desse segundo gráfico, vemos que o certame está acompanhando a tendência geral de todos os outros concursos para provimento de carreiras jurídicas, que é a cobrança forte dos três pilares que falamos. Ademais, importante frisar que a banca CEBRASPE é especialmente voltada para a cobrança da jurisprudência.

Dito isso, espero que não restem dúvidas de que conhecer a letra das leis e da Constituição não pode estar dissociado do aprendizado dos informativos e súmulas do STF e do STJ, assim como da obtenção de uma boa base de conhecimento.

A seguir, apresentarei uma tabela em que indico, sob a minha análise, qual ponto do conteúdo programático continha o conhecimento necessário para acerto das questões.

A primeira coluna corresponde ao número da questão, e segue a ordem do modelo de prova divulgado pelo CEBRASPE. No momento da realização do certame, foi distribuído mais de um tipo de prova, porém, a tabela segue o tipo de prova divulgado pelo CEBRASPE no site oficial do concurso.

A segunda coluna correspondente à disciplina, conforme conteúdo programático previsto no edital.

Na terceira coluna o pilar de conhecimento predominante (jurisprudência, doutrina ou letra de lei), em que estava contido o conhecimento necessário para acertar a questão. Aqui a divisão foi mais complicada, tendo em vista que o direito é uno, e os três pilares andam juntos. Desta forma, optei por determinar a classificação segundo o pilar predominante, em cujo conhecimento estava mais apoiada a resposta da questão.

Na quarta coluna consta o ponto específico do conteúdo previsto no edital em que estava contido o conhecimento necessário para acertar a questão.

Então vamos lá:

Nº	Disciplina	Pilar predominante	Ponto do edital
1	Administrativo	Lei seca	Licitações
2	Administrativo	Lei seca	Licitações
3	Administrativo	Lei seca	Licitações
4	Administrativo	Doutrina	Atos administrativos
5	Administrativo	Lei seca	Controle da administração pública
6	Administrativo	Doutrina	Poderes da administração pública
7	Administrativo	Doutrina	Poderes da administração pública
8	Administrativo	Lei seca	Improbidade administrativa
9	Administrativo	Lei seca	Lei 8.112/90

O CONCURSO PARA O CARGO DE DELEGADO DE POLÍCIA FEDERAL 81

Nº	Disciplina	Pilar predominante	Ponto do edital
10	Administrativo	Lei seca	Improbidade administrativa
11	Administrativo	Lei seca	Improbidade administrativa
12	Administrativo	Lei seca	Agentes públicos
13	Administrativo	Doutrina	Atos administrativos
14	Administrativo	Jurisprudência	Responsabilidade civil do Estado
15	Administrativo	Doutrina	Responsabilidade civil do Estado
16	Constitucional	Doutrina	Constituição e Poder Constituinte
17	Constitucional	Doutrina	Constituição e Poder Constituinte
18	Constitucional	Doutrina	Constituição e Poder Constituinte
19	Constitucional	Doutrina	Constituição e Poder Constituinte
20	Constitucional	Doutrina	Constituição e Poder Constituinte
21	Constitucional	Jurisprudência	Fundamentos constitucionais dos direitos e deveres fundamentais
22	Constitucional	Doutrina	Constituição e Poder Constituinte
23	Constitucional	Jurisprudência	Fundamentos constitucionais dos direitos e deveres fundamentais
24	Constitucional	Jurisprudência	Controle de constitucionalidade
25	Constitucional	Jurisprudência	Controle de constitucionalidade

Nº	Disciplina	Pilar predominante	Ponto do edital
26	Constitucional	Jurisprudência	Poder Judiciário
27	Constitucional	Jurisprudência	Funções essenciais à justiça
28	Constitucional	Lei seca	Segurança pública
29	Constitucional	Jurisprudência	Segurança pública
30	Constitucional	Lei seca	Segurança pública
31	Civil	Lei seca	Lei de Introdução às normas do Direito Brasileiro
32	Civil	Lei seca	Lei de Introdução às normas do Direito Brasileiro
33	Civil	Lei seca	Lei de Introdução às normas do Direito Brasileiro
34	Processo Civil	Lei seca	Ação Civil Pública (Improbidade administrativa)
35	Processo Civil	Jurisprudência	Ação Civil Pública (Improbidade administrativa)
36	Processo Civil	Jurisprudência	Ação Civil Pública (Improbidade administrativa)
37	Empresarial	Lei seca	Falência e recuperação judicial
38	Empresarial	Lei seca	Falência e recuperação judicial
39	Empresarial	Lei seca	Falência e recuperação judicial
40	Internacional e cooperação	Doutrina	Direito internacional público: conceito, fontes e princípios

O CONCURSO PARA O CARGO DE DELEGADO DE POLÍCIA FEDERAL   83

Nº	Disciplina	Pilar predominante	Ponto do edital
41	Internacional e cooperação	Jurisprudência	Direito internacional público: conceito, fontes e princípios
42	Internacional e cooperação	Doutrina	Asilo político
43	Internacional e cooperação	Doutrina	Cortes internacionais
44	Internacional e cooperação	Doutrina	Domínio público internacional
45	Internacional e cooperação	Doutrina	Personalidade internacional
46	Internacional e cooperação	Doutrina	Estrangeiros
47	Penal	Jurisprudência	Execução penal
48	Penal	Doutrina	Lei penal no tempo
49	Penal	Doutrina	Concurso de crimes
50	Penal	Jurisprudência	Crime impossível
51	Penal	Lei seca	Arrependimento posterior
52	Penal	Jurisprudência	Aplicação da pena
53	Penal	Jurisprudência	Aplicação da pena
54	Penal	Jurisprudência	Aplicação da pena
55	Penal	Lei seca	Medidas de segurança
56	Penal	Jurisprudência	Execução penal
57	Penal	Doutrina	Teoria do crime
58	Penal	Doutrina	Concurso de pessoas
59	Penal	Lei seca	Prescrição
60	Penal	Jurisprudência	*Iter criminis*

Nº	Disciplina	Pilar predominante	Ponto do edital
61	Penal	Lei seca	Execução penal
62	Penal	Lei seca	Crimes em espécie
63	Penal	Lei seca	Legislação criminal especial
64	Penal	Jurisprudência	Crimes contra o sistema Financeiro Nacional
65	Penal	Lei seca	Tráfico ilícito e uso indevido de substâncias entorpecentes
66	Penal	Jurisprudência	Sujeitos do crime
67	Penal	Jurisprudência	Crimes resultantes de preconceitos de raça ou de cor
68	Penal	Lei seca	Código de defesa do consumidor
69	Penal	Lei seca	Crimes de tortura
70	Penal	Lei seca	Crimes contra a dignidade sexual
71	Penal	Lei seca	Crimes cometidos contra idosos
72	Penal	Lei seca	Tráfico ilícito e uso indevido de substâncias entorpecentes
73	Penal	Lei seca	Estatuto da Criança e do Adolescente
74	Penal	Lei seca	Teoria geral da pena
75	Processo penal	Lei seca	Provas
76	Processo penal	Leis seca	Provas
77	Processo penal	Doutrina	Provas
78	Processo penal	Lei seca	Competência

O CONCURSO PARA O CARGO DE DELEGADO DE POLÍCIA FEDERAL

Nº	Disciplina	Pilar predominante	Ponto do edital
79	Processo penal	Jurisprudência	Competência
80	Processo penal	Jurisprudência	Competência
81	Processo penal	Jurisprudência	Inquérito policial
82	Processo penal	Jurisprudência	Inquérito Policial
83	Processo penal	Doutrina	Juiz
84	Processo penal	Doutrina	Juiz
85	Processo penal	Lei seca	Inquérito policial
86	Processo penal	Lei seca	Fiança
87	Processo penal	Doutrina	Prisão em flagrante
88	Processo penal	Doutrina	Fiança e liberdade provisória
89	Processo penal	Lei seca	Fiança
90	Processo penal	Lei seca	Recursos
91	Processo penal	Lei seca	Inquérito policial
92	Processo penal	Lei seca	Ação penal
93	Processo penal	Lei seca	Interceptação telefônica
94	Processo penal	Jurisprudência	Teoria geral da pena
95	Processo penal	Lei seca	Competência
96	Processo penal	Lei seca	Ação penal
97	Processo penal	Lei seca	Termo circunstanciado de ocorrência
98	Processo penal	Lei seca	Ato infracional
99	Processo penal	Lei seca	Tráfico ilícito e uso indevido de substâncias entorpecentes
100	Processo penal	Lei seca	Tráfico ilícito e uso indevido de substâncias entorpecentes

Nº	Disciplina	Pilar predominante	Ponto do edital
101	Processo penal	Jurisprudência	Organizações criminosas
102	Processo penal	Lei seca	Organizações criminosas
103	Criminologia	Doutrina	Modelos teóricos da criminologia
104	Criminologia	Doutrina	Modelos teóricos da criminologia
105	Criminologia	Doutrina	Modelos teóricos da criminologia
106	Previdenciário	Lei seca	Financiamento da seguridade social
107	Previdenciário	Lei seca	Regime geral de previdência social
108	Previdenciário	Lei seca	Regime geral de previdência social
109	Previdenciário	Lei seca	Decadência e prescrição
110	Previdenciário	Lei seca	Regime geral de previdência social
111	Previdenciário	Lei seca	Crimes contra a seguridade e a previdência social
112	Previdenciário	Lei seca	Crimes contra a seguridade e a previdência social
113	Previdenciário	Lei seca	Crimes contra a seguridade e a previdência social
114	Financeiro e tributário	Lei seca	Crédito tributário
115	Financeiro e tributário	Lei seca	Imunidade e isenção
116	Financeiro e tributário	Lei seca	Imunidade e isenção

O CONCURSO PARA O CARGO DE DELEGADO DE POLÍCIA FEDERAL

Nº	Disciplina	Pilar predominante	Ponto do edital
117	Financeiro e tributário	Doutrina	Despesa pública
118	Financeiro e tributário	Doutrina	Despesa pública
119	Financeiro e tributário	Jurisprudência	Princípio da anualidade
120	Financeiro e tributário	Lei seca	Obrigação principal e acessória

Essa tabela tem a finalidade de apresentar ao leitor a prova passada para que possa ter uma visão geral. Convido o leitor a consultar a prova no site www.qconcuros.com.br e verificar a resposta e o fundamento de cada item. Analisá-la tão pormenorizadamente faz com que percamos o medo de enfrentar o certame e mostra que todo conhecimento para vencer essa etapa está nos "livros", de forma objetiva e clara.

Vamos falar agora da nota de corte da última prova objetiva. No nosso caso, a prova discursiva é feita no mesmo dia da prova objetiva, sendo assim, todos fazem. Atingir a nota de corte significa que a sua prova discursiva será corrigida.

Segundo previsão editalícia, respeitados os empates na última colocação, foi corrigida a prova discursiva dos candidatos aprovados na prova objetiva classificados até a **448ª posição** na ampla concorrência, até a **120ª posição** nas vagas reservadas aos candidatos negros e até a **32ª posição** nas vagas reservadas aos candidatos com deficiência.

Na prova objetiva do último concurso, a nota de corte na ampla concorrência foi de **86.00 pontos**. Considerando que o candidato tenha marcado todos os itens, seria necessário acertar **103 das 120 questões** para ter sua prova discursiva corrigida.

Já nas vagas reservadas aos candidatos negros, a nota de corte foi de **80.00 pontos**. Considerando que o candidato tenha marcado todos os itens, seria necessário acertar **100 das 120 questões** para ter sua prova discursiva corrigida.

Por sua vez, nas vagas reservadas aos candidatos com deficiência, a nota de corte foi de **68.00 pontos**. Considerando que o candidato tenha marcado todos os itens, seria necessário acertar **94 das 120 questões** para ter sua prova discursiva corrigida.

Vê-se assim que tivemos uma nota de corte alta, o que comprova que o concurso para o cargo de Delegado de Polícia Federal é, atualmente, um dos concursos mais concorridos e difíceis do país. Isso não deve desaminar o candidato, mas animá-lo a ingressar numa carreira com profissionais tão capacitados. Nota de corte não deve ser preocupação; preparar-se, sim.

Para os que estão começando, a nota de corte pode parecer uma meta elevada, até mesmo inalcançável. No entanto, garanto que, com o passar da caminhada, a realidade da aprovação vai ficando bem mais factível e o que parecia impossível pode até tornar-se algo pequeno.

Tive a felicidade de acertar 111 das 120 questões, obtendo a nota de 102.00 pontos, e isso só me mostra que a evolução de que somos capazes é realmente incrível. A transformação acontece paulatinamente, de forma que quase nem notamos e, de repente, podemos dar o grito de aprovados. Portanto, acreditem, a nota de corte é vencível e, seguindo o caminho correto, no futuro ela será apenas um número.

A PROVA DISCURSIVA

A prova discursiva (P2), como já dito repetidas vezes, é realizada no turno da tarde, no mesmo dia da prova objetiva e dura as mesmas 4 (quatro) horas da primeira. Possui caráter eliminatório e classificatório e, assim como a prova oral, aborda apenas as disciplinas de Direito Administrativo, Direito Constitucional, Direito Penal e Direito Processual Penal.

Esse é o momento em que o examinador pretende avaliar a capacidade do candidato de expor aquilo que sabe com as próprias palavras, bem como de analisar situações concretas mais complexas e resolvê-las, aplicando o direito ao caso.

Por isso, prevê o edital que a nota do candidato será atribuída conforme a "apresentação e a estrutura textuais e o desenvolvimento do tema", formando a nota relativa ao domínio do conteúdo (NC i). Além disso, a nota do candidato será avaliada de acordo com o "domínio da modalidade escrita". Assim, a nota sofrerá um decréscimo, uma penalização, proporcional ao número de erros (NE i) de ortografia, morfossintaxe e propriedade vocabular, por linha escrita.

A nota máxima a ser obtida é a de 24,00 pontos e é composta de duas partes:

a) Três questões dissertativas, de até 30 linhas cada, com valor máximo de 4,00 pontos cada uma;

b) Elaboração de uma peça profissional, de até 90 linhas, com valor máximo de 12,00 pontos.

Bem, em primeiro lugar percebam que, diferentemente de outros concursos, o candidato ao cargo de Delegado de Polícia Federal já precisa começar a se preparar para a prova discursiva ao mesmo tempo em que se prepara para a prova objetiva, tendo em vista que são realizadas no mesmo dia.

De qualquer forma, o candidato precisa formar uma boa base de conhecimento, antes de começar a treinar as peças e as questões. Portanto, aconselho que primeiro o candidato se prepare para a prova objetiva e, mais próximo da data da prova, preocupe-se em treinar especificamente para a prova discursiva.

Acredito que de dois a três meses antes da prova é um tempo suficiente para começar a se preparar para a prova discursiva.

Uma outra importante observação é que, na nossa prova, não é possível utilizar o *vade mecum*! Portanto, o candidato deve estar preparado para responder a prova sem consultar a legislação. Não há motivos para maiores preocupações quanto a isso, pois a dificuldade de fazer a prova sem o *vade mecum* é válida para todos. Portanto, isso não a torna nem mais nem menos difícil, apenas diferente.

Não é imprescindível decorar a numeração dos artigos ou de leis para colocar na sua prova. A preocupação real do candidato deve ser em apresentar um bom conteúdo. No máximo o candidato pode, para enriquecer sua resposta, decorar o número dos artigos mais relevantes como, por exemplo, os dispositivos em que estão presentes os requisitos para a decretação da prisão preventiva, ou o número das leis mais importantes.

Passemos a analisar como foi a prova do último concurso.

A primeira questão da prova discursiva abordou um tema doutrinário e jurisprudencial do direito administrativo. Vejamos:

No âmbito do direito administrativo, a atuação do Estado está submetida ao chamado regime jurídico--administrativo, que se expressa por meio do binômio prerrogativas-sujeições. As prerrogativas são concedidas à administração pública no intuito de fornecer os instrumentos e os meios necessários ao regular exercício de suas atividades, com vistas à concretização do interesse público. As prerrogativas concedidas à administração pública incluem os poderes administrativos, em especial o poder de polícia. Considerando que o texto precedente

O CONCURSO PARA O CARGO DE DELEGADO DE POLÍCIA FEDERAL

tem caráter unicamente motivador, redija um texto dissertativo atendendo ao que se pede a seguir.

1 Discorra sobre o conceito de poder de polícia e cite dois exemplos de atos administrativos que expressam esse poder. [valor: 1,20 ponto]

2 Discorra sobre os ciclos ou fases do poder de polícia. [valor: 1,20 ponto]

3 Apresente as distinções entre polícia administrativa e polícia judiciária explicitando, para cada uma dessas polícias: o objeto de incidência, as infrações tratadas e os órgãos competentes para seu exercício. [valor: 1,40 ponto]

A segunda questão envolveu uma abordagem constitucional de temas processuais penais, pedindo que o candidato analisasse as violações das garantias do investigado ocorridas na decretação de interceptação telefônica e busca e apreensão claramente irregulares. Vejamos:

Nos autos de procedimento executivo fiscal de cobrança do imposto de renda de pessoa jurídica, o juiz federal responsável pela vara de execuções fiscais de determinado estado da Federação expediu ordem de interceptação de comunicação telefônica do representante legal da empresa devedora executada, sob o fundamento de que havia indícios da prática de sonegação e fraude fiscal. Com a negativa da companhia telefônica em fornecer os dados e as gravações correspondentes, o cumprimento da ordem foi dirigido à Delegacia da Polícia Federal para que, sob pena de incursão no crime de desobediência, prendesse o funcionário da companhia telefônica responsável pelo fornecimento das comunicações telefônicas e colhesse elementos de prova relacionados ao seu conteúdo. Autorizou-se, desde logo, o ingresso da autoridade policial na residência e no escritório do representante legal da empresa executada e de seus advogados, sem, contudo, especificar-se o conteúdo da busca e apreensão. Ato contínuo, a ordem judicial foi cumprida em sua integralidade, de modo que o juízo da execução fiscal teve acesso às gravações telefônicas que corroboravam a prática do crime de fraude fiscal e sonegação, a partir das quais a Polícia Federal também colheu provas do crime de remessa ilegal de divisas.

Redija um texto dissertativo, abordando as normas constitucionais e os direitos fundamentais violados na situação hipotética apresentada. Fundamente seu texto na Constituição Federal de 1988, na jurisprudência do STF e na doutrina.

A terceira questão pediu que o candidato analisasse uma situação hipotética que narrava a prática de vários crimes do colarinho branco, dentre eles peculato, fraude licitatória e lavagem de capitais. Trata-se de uma típica questão em que o examinador busca verificar os conhecimentos do candidato quanto à tipificação de condutas criminosas. Vejamos:

Após a instauração do inquérito policial, foi apurada a formalização de um contrato superfaturado entre a prefeitura de determinado município e uma empresa local. O negócio jurídico, que foi realizado em regime de urgência e sem licitação, foi viabilizado pelo prefeito do município e por um secretário municipal, responsável pela área a que se referia o contrato, em conluio com o proprietário da empresa contratada. Foi apurado, ainda, que a empresa contratada realizou depósitos bancários nas

O CONCURSO PARA O CARGO DE DELEGADO DE POLÍCIA FEDERAL 93

contas dos referidos agentes políticos, correspondentes a percentual do valor bruto do contrato, cabendo ao prefeito o dobro do valor depositado para o secretário municipal. Por fim, constatou-se que, com esses valores, os beneficiados adquiriram veículos e imóveis.

Considerando a situação hipotética precedente, redija um texto dissertativo abordando os seguintes aspectos:

1 a definição de concurso de agentes e os requisitos para a sua caracterização; [valor: 1,00 ponto]

2 os tipos penais configurados na situação hipotética e os elementos objetivos desses tipos; [valor: 1,30 ponto]

3 os sujeitos ativos e passivos dos delitos apurados no inquérito policial e a possibilidade de configuração do crime de associação criminosa na hipótese narrada. [valor: 1,50 ponto]

Quanto à peça profissional, a vantagem no concurso de Delegado é que tal peça tem poucas modalidades. Quase sempre será pedida uma representação ou um relatório final com indiciamento e representações. No último certame, foi cobrada uma Representação pela decretação de prisão preventiva.

Vejamos:

Em uma fiscalização da Polícia Rodoviária Federal, Joaquim Melo foi preso ao transpor a fronteira do Paraguai com o Brasil, mais especificamente na cidade de Foz do Iguaçu – PR, com expressiva quantidade de cocaína acondicionada em um fundo falso acoplado ao veículo por ele conduzido, registrado em nome de Valéria Costa. Em razão disso, Joaquim foi apresentado à autoridade policial federal de Foz do Iguaçu, e a substância apreendida foi encaminhada para exame preliminar, que constatou tratar-se de cocaína pura, em um total de 5 kg. Joaquim relatou que a droga era de propriedade de Luís Costa e que o veículo pertencia à prima de Luís, Valéria Costa, cujo endereço foi indicado pelo autuado, o qual informou, ainda, que ela estaria em sua residência, localizada em Foz do Iguaçu, aguardando o carregamento para, então, transportá-lo no veículo até o interior de São Paulo, onde Luís prepararia e distribuiria a cocaína. De imediato, Valéria foi localizada e franqueou a entrada dos policiais federais em sua casa, que descobriram que havia no local outra quantidade de cocaína, que também seria entregue a Luís. Joaquim e Valéria foram presos e autuados em flagrante delito, como incursos nas sanções do art. 33, caput, c/c art. 35, caput, e art. 40, incisos I e V, da Lei n.º 11.343/2006. No interrogatório, Valéria afirmou que Joaquim e ela eram encarregados do transporte da droga entre o Paraguai e o Brasil e que, quinze dias antes da prisão, já haviam entregado a Luís um carregamento de cocaína, na mesma quantidade, oriundo do Paraguai. Segundo Valéria e Joaquim, o entorpecente estava sendo comercializado no estado de São Paulo. No curso do inquérito policial e no prazo dos autos, a autoridade competente efetuou diversas diligências visando localizar Luís, porém não obteve êxito. Em razão disso, Luís Costa foi indiciado nas mesmas sanções penais já citadas, procedendo-se à sua qualificação indireta com base em prontuário de identificação civil, ocasião em que se verificou tratar-se de indiciado primário, sem anotações criminais anteriores. De acordo com o relato da equipe de investigação, Luís, após ter tomado conhecimento da prisão dos comparsas e de seu indiciamento nos autos do inquérito policial,

O CONCURSO PARA O CARGO DE DELEGADO DE POLÍCIA FEDERAL   95

fugiu para local incerto e não sabido, com a pretensão de deixar o país. Valéria e Joaquim, após as formalidades legais decorrentes da prisão, foram recolhidos ao sistema penitenciário, onde permanecem à disposição da justiça. Antes, porém, relataram à autoridade policial verdadeiro temor por terem indicado Luís como coautor do crime. Segundo eles, Luís é uma pessoa perigosa e vingativa e com fortes contatos na facção criminosa que comanda o tráfico internacional de drogas para os estados do Paraná e de São Paulo. Em audiência de custódia, as prisões em flagrante de Valéria e de Joaquim foram convertidas em custódias preventivas. No prazo estabelecido na Lei n.º 11.343/2006, foi concluído o inquérito policial com farta prova da materialidade e da autoria dos delitos atribuídos aos indiciados, tendo a autoridade policial concluído e relatado os autos e tendo, em apartado, representado pela prisão de Luís Costa.

Tendo em vista os fatos relatados na situação hipotética apresentada, na qualidade de delegado da Polícia Federal que tenha presidido as investigações, formule a representação contra Luís Costa, indicando a modalidade de prisão cautelar que melhor se ajuste às circunstâncias apresentadas e esclarecendo os fundamentos jurídicos do pedido. Não acrescente fatos novos.

Essa foi a prova discursiva do último concurso. Espero que o leitor tenha constatado que não se trata de nenhum bicho de sete cabeças, sem pegadinhas ou questionamentos mirabolantes, podendo ser respondida de forma técnica e objetiva, desde que o candidato possuísse o conhecimento adequado.

Quanto às minhas experiências e recomendações para a realização das provas discursivas, em primeiro lugar, aconselho fortemente que, em qualquer prova desse tipo que o leitor vá enfrentar na vida, se tiver condições, contrate um cursinho. Foi o que eu fiz e o que imensa maioria dos candidatos fazem. Nessa fase do concurso, a aprovação não depende apenas do conteúdo jurídico que estudamos cotidianamente, sendo necessário aprender as técnicas e dicas de elaboração das peças profissionais e resolução de questões.

Não conheço conteúdo de qualidade disponível de forma gratuita na internet que ensine isso, portanto, indico a contratação de um cursinho. Outra opção é comprar livros voltados para provas discursivas do cargo, mas posso dizer com segurança que a melhor opção e sempre contratar um bom cursinho, porque isso te forçará a treinar e o conteúdo passado será sempre o mais atualizado possível. As melhores dicas específicas de preparação e execução dessa prova sempre serão passadas de forma adequada pelo cursinho contratado. Os bons cursinhos são craques em dicas de organização, português, estratégias, como redigir, o que esperar da prova, entre outros assuntos. Ah, e sempre opte por um cursinho com correção personalizada.

A seguir transmitirei de forma bem objetiva apenas algumas dicas pessoais que considero importantes e não são muito faladas.

Um primeiro conselho seria: seja direto, objetivo, sem ser pobre de conteúdo. O que quero dizer com isso é que o que o examinador quer ver em uma prova discursiva é o argumento jurídico constante do espelho, exposto de forma abem escrita, bem fundamentada sem muitos floreios ou rodeios. O candidato deve procurar não ser pobre nas palavras e nos fundamentos jurídicos, mas não encher linguiça, a não ser que não haja outra solução. Ademais, a objetividade é essencial para poder oferecer a maior quantidade de conteúdo dentro do espaço de linhas possíveis. Para isso, é sempre recomendado usar tópicos bem divididos e que indiquem objetivamente o que estará neles contido. Assim, o candidato oferece uma resposta organizada e objetiva.

O CONCURSO PARA O CARGO DE DELEGADO DE POLÍCIA FEDERAL 97

Uma segunda dica é: seja técnico. Utilize os termos jurídicos corretos e da maneira mais técnica possível. Busque os termos legais ou consagrados na doutrina e os utilize de forma completa.

Uma última dica: prefira pecar pelo excesso. O que estiver além do espelho de resposta não será descontado, mas o que faltar será! Portanto, sempre que houver um fio de dúvida se um determinado argumento, capitulação penal ou representação possa estar no espelho de provas da banca, coloque na sua peça ou na sua questão.

O EXAME DE APTIDÃO FÍSICA

O Exame de Aptidão Física é a terceira prova (P3) do concurso público. Consiste em um conjunto de quatro testes físicos, de caráter eliminatório, que visa a verificar se os candidatos se adequam aos padrões exigidos para suportar o Curso de Formação Profissional, bem como para desempenhar com eficácia as atribuições dos cargos policiais.

São convocados para o exame de aptidão física todos os candidatos aprovados na prova discursiva, respeitados os empates da última posição. Todos os candidatos aprovados devem submeter-se ao exame de aptidão física, mesmo aqueles inscritos nas vagas reservadas às pessoas com deficiência.

No meu concurso, o exame de aptidão física foi composto pelos seguintes testes:

1) Teste em barra fixa

2) Teste de impulsão horizontal

3) Teste de natação (50 metros)

4) Teste de corrida de 12 minutos

Friso que o exame não teve caráter classificatório, portanto, bastava ser aprovado. Considero essa previsão editalícia adequada, dada a natureza do nosso órgão e do nosso cargo.

Cada um dos quatro testes tem uma escala de pontuação que varia de 2,00 a 6,00 pontos. Para ser aprovado, o candidato precisa obter sucesso em dois índices de desempenho mínimos:

1) 2,00 pontos em cada teste;

2) 12,00 pontos no conjunto dos testes.

Sendo assim, tanto cada teste, isoladamente, como o desempenho no conjunto deles pode reprovar o candidato. Obtendo o mínimo de 2,00 pontos em cada um dos quatro testes, soma-se a nota final de 8,00 pontos. Portanto, o candidato deve pontuar acima do mínimo em algum ou alguns testes para alcançar a pontuação mínima global.

Minha primeira recomendação aos candidatos que prestarão o "TAF" é que é interessante procurar um profissional de educação física, se não para acompanhá-lo diariamente, pelo menos, para fazer uma avaliação e montar um planejamento de treinos. Claro, se não for possível financeiramente, há muito conteúdo com o qual podemos nos virar sozinhos na internet.

Conforme já relatei na Parte I deste livro, contratei um profissional de educação física para me acompanhar e foi uma excelente experiência! Confiava na minha condição física, mas, para minha surpresa, nos primeiros treinos, sequer terminava uma piscina de 50 metros e não conseguia completar o tempo da corrida. Assim, contratei um treinador para me acompanhar no mês anterior à prova. Evoluí rapidamente, tendo sido uma experiência muito proveitosa.

Passemos à análise dos testes.

1) Barra fixa

O teste de barra fixa não eliminou nenhum candidato no meu grupo. Pelo menos para os homens, não é um teste difícil, tendo em vista que são exigidas no mínimo três flexões. Iniciarei falando sobre o teste para os homens, cuja escala de pontuação foi a seguinte:

Número de flexões	Pontos
Abaixo de 3	0,00 – eliminado
3	2,00
4	2,33
5	2,67
6	3,00
7	3,33
8	3,67
9	4,00
10	4,33
11	4,67
12	5,00
13	5,33
14	5,67
15	6,00

O edital prevê a seguinte metodologia de aplicação do teste:

"I – o comando "em posição", o candidato deverá se dependurar na barra, com pegada livre (pronação ou supinação) e cotovelos estendidos, podendo receber ajuda para atingir essa posição, devendo manter o corpo na vertical, sem contato com o solo e sem contato com as barras de sustentação laterais;

II – Ao comando "iniciar", o candidato flexionará simultaneamente os cotovelos até o queixo ultrapassar a parte superior da barra. Em seguida, estenderá novamente os cotovelos até a posição inicial;

III – A contagem das execuções corretas levará em consideração o seguinte:

a) o movimento só será considerado completo após a total extensão dos cotovelos;

b) a não extensão total dos cotovelos antes do início de uma nova execução será considerada um movimento incorreto, não sendo computado no desempenho do candidato."

O edital traz ainda as seguintes vedações:

"I – tocar com o(s) pé(s) o solo ou qualquer parte de sustentação do suporte do aparelho da barra fixa após o início das execuções, sendo para tanto permitida flexão dos joelhos;

II – após o início do teste, receber qualquer tipo de ajuda física;

III – utilizar luva(s) ou qualquer outro material para a proteção das mãos;

IV – apoiar o queixo na barra; e

V – realizar o teste de barra utilizando movimentos cíclicos de impulsão corporal ("kipping" ou barra estilo "butterfly)."

Em primeiro lugar, atenção para o fato de que a barra fixa pode ser executada com a pegada livre, portanto treine com a pegada a qual você melhor se adaptar (normalmente as pessoas preferem a pegada supinada).

Ademais, no teste de barra fixa, é preciso assimilar bem a metodologia de aplicação para não ter surpresas na hora da prova. Nos treinos, por exemplo, atente-se para que em cada repetição você esteja **passando o queixo da barra, sem apoiá-lo,** e retor-

O CONCURSO PARA O CARGO DE DELEGADO DE POLÍCIA FEDERAL   101

nando a posição inicial de cotovelos **completamente estendidos.** Se a execução não for perfeita, o fiscal de prova informará que a repetição não foi computada, e isso não é raro de acontecer.

Não sei medir a dificuldade do teste para as candidatas do sexo feminino, mas me pareceu um dos mais difíceis dentre os quatro. Para as candidatas, o teste de barra é isométrico, ou seja, deverá dependurar-se na barra e permanecer na posição descrita pelo edital pelo tempo que conseguir.

Eis a escala de pontuação:

Tempo de permanência em sustentação	Pontos
Abaixo de 15 segundos	0,00 eliminado
Igual ou superior a 15 segundos e abaixo de 20 segundos	2,00
Igual ou superior a 20 segundos e abaixo de 25 segundos	3,00
Igual ou superior a 25 segundos e abaixo de 30 segundos	4,00
Igual ou superior a 30 segundos e abaixo de 35 segundos	5,00
Igual ou superior a 35 segundos	6,00

A metodologia de aplicação é a seguinte:

"I – Ao comando "em posição", a candidata deverá dependurar--se na barra com pegada livre (pronação ou supinação), mantendo os braços flexionados e o queixo acima da parte superior da barra, sem nela apoiar-se, podendo fazer uso de suporte ou plataforma para atingir essa posição;

II – Depois de tomada a posição inicial pela candidata, ao comando "iniciar", estando ela pendurada somente pelas mãos, o avaliador da prova iniciará imediatamente a cronometragem do tempo, devendo a candidata permanecer na posição descrita no item 1;

III – O avaliador irá cessar a contagem do tempo no instante em que a candidata descontinuar a sustentação na posição descrita no item I (deixar que o queixo atinja posição abaixo da parte superior da barra, ou apoiar o queixo na barra) ou atingir o tempo máximo da tabela de pontuação."

Já as vedações são as seguintes:

"I – tocar com o(s) pé(s) o solo ou qualquer parte de sustentação da barra após o início da cronometragem, sendo permitida a flexão de joelhos para evitar o toque no solo;

II -após a tomada da posição inicial, receber qualquer tipo de ajuda física;

Utilizar luva(s) ou qualquer outro artifício para proteção das mãos;

III – apoiar o queixo na barra."

Tanto os candidatos do sexo masculino quanto do sexo feminino têm **duas tentativas** para realizar o teste. Isso é essencial, na medida em que erros acidentais podem acontecer.

Para os homens, erros comuns são: realizar repetições sem respeitar a metodologia, sem estender os cotovelos completamente ou sem passar o queixo da barra, que não são computadas (isso não quer dizer que a tentativa seja descartada, mas que apenas a repetição não é contada). Muito cuidado para não apoiar o queixo na barra, considerado um motivo de descarte da tentativa. Para as mulheres, atenção para que o queixo não esteja apoiado na barra durante a posição isométrica. Vi uma candidata que não teve seu tempo contado em uma das tentativas, pois não conseguiu assumir a posição sem descolar o queixo.

Não tivemos problemas com barra escorregadia, pois a banca preocupou-se em revestir a barra com fita antiaderente.

2) Impulsão horizontal

O teste de impulsão horizontal foi o primeiro teste que eliminou candidatos do meu grupo, uma do sexo feminino e um do sexo masculino.

O CONCURSO PARA O CARGO DE DELEGADO DE POLÍCIA FEDERAL   103

Eis a escala de pontuação:

DISTÂNCIA		Pontos
Masculino	**Feminino**	
Abaixo de 2,07	Abaixo de 1,59	0,00 – eliminado
De 2,07 a menos de 2,15	De 1,59 a menos de 1,67	2,00
De 2,15 a menosde 2,23	De 1,67 a menos de 1,75	3,00
De 2,23 a menos de 2,31	De 1,75 a menos de 1,83	4,00
De 2,31 a 2,38	De 1,83 a 1,90	5,00
Acima de 2,28	Acima de 1,90	6,00

As instruções para realização do teste são as seguintes:

"I – ao comando "em posição", o candidato deverá se posicionar atrás da linha de medição inicial (5 cm de largura –fazendo parte do valor a ser medido), em pé, estático, pés paralelos e sem tocar a linha;

II – ao comando "iniciar", o candidato saltará à frente com movimento simultâneo dos pés. A marcação da distância saltada será medida a partir da linha de medição inicial até a marca no solo, de qualquer parte do corpo, mais próxima da linha de medição inicial, deixada pelo candidato;

III – a marcação levará em consideração o seguinte:

a) a parte do corpo que tocar o solo mais próxima da linha de saída será referência para a marcação;

b) na aterrissagem com os pés, o calcanhar do pé que estiver mais próximo da linha de saída será a referência."

As vedações aqui são óbvias e autoexplicativas:

"I – receber qualquer tipo de ajuda física;

II – utilizar qualquer equipamento, aparelho ou material de auxílio à impulsão;

III – perder o contato de algum dos pés com o solo antes da impulsão;

IV – tocar com o(s) pé(s) a linha de medição inicial (salto "queimado");

V – projetar o corpo à frente com consequente rolamento."

Primeiramente observe que o teste de impulsão é estático. Isso significa que você salta parado, detrás de uma marcação.

Uma dica de preparação: treine, sempre que possível, na caixa de areia. O desnível entre o piso e a areia proporciona um ganho de distância. As provas são realizadas, em regra, em pistas de atletismo, em caixa de areia.

Mais uma vez, no teste de impulsão horizontal, o candidato tem direito a duas tentativas. Caso não atinja a distância mínima, ou incorra em alguma falta (salto queimado, por exemplo), o candidato terá uma segunda chance. Nesse teste, ainda mais que na barra fixa, a segunda tentativa é extremamente importante, pois os erros aqui são bem mais comuns. Além de queimar o salto, o candidato pode escorregar na hora do salto perdendo impulsão, e se desequilibrar na aterrissagem.

3) Natação

O teste de natação não eliminou nenhuma pessoa da minha bateria, mas eliminou em turnos anteriores. Ademais, foi o segundo teste que eu tive mais dificuldade, perdendo apenas para a corrida. Apesar dessa dificuldade, minha evolução foi muito rápida. Isso aprece ter sido uma tônica comum entre os candidatos com quem conversei. Quem nunca tinha nadado regularmente, sentiu muita dificuldade no começo.

O teste de natação é de 50m, e realizado em piscina de 25m. Ou seja, há uma virada.

A pontuação do teste de natação é a seguinte:

TEMPO (segundos)		Pontos
Masculino	Feminino	
Acima de 44	Acima de 54	0,00 – eliminado
De 40 a 44	De 49 a 54	2,00
De 37 a menos de 40	De 45 a menos de 49	3,00
De 34 a menos de 37	De 41 a menos de 45	4,00
De 31 a menos de 34	De 37 a menos de 41	5,00
Abaixo de 31	Abaixo de 37	6,00

Eis a metodologia de aplicação do teste:

"I – ao comando "em posição", o candidato deverá posicionar-se em pé, na borda da piscina, pronto para iniciar o teste;

II –Ao comando da banca examinadora, emitido por sinal sonoro, o candidato deverá saltar na piscina e nadar 50 (cinquenta) metros em nado livre, qualquer estilo;

III –na virada será permitido tocar a borda e impulsionar-se na parede;

IV –a chegada dar-se-á quando o candidato tocar, com qualquer parte do corpo, a borda de chegada;"

Mais uma vez, o candidato tem direito a duas tentativas, caso não atinja a distância mínima. Aqui, a segunda tentativa não é tão utilizada, tendo em vista que não são comuns os erros.

As vedações são as seguintes:

"I – apoiar-se ou impulsionar-se na borda lateral, na parede lateral ou na raia;

II – na virada, parar na borda;

III – apoiar-se no fundo da piscina;

IV – dar ou receber qualquer ajuda física;

V – utilizar qualquer acessório que facilite o ato de nadar, exceto touca e óculos próprios para natação."

Esse é o teste em que eu mais recomendo a ajuda de um profissional de educação física. Ele poderá te orientar acerca de técnica do nado, que é bem complexa, incluindo respiração, saída, braçada etc. Acho que, nesse caso, não dá para treinar sozinho.

4) Corrida

O teste de corrida foi a minha maior dificuldade. Não gosto de correr e meu "cardio" nunca foi dos melhores. O teste de corrida é o padrão do teste de *cooper*. O ritmo é relativamente acelerado.

A escalda de pontuação é a seguinte:

DISTÂNCIA		Pontos
Masculino	Feminino	
Abaixo de 2.350	Abaixo de 2.020	0,00 – Eliminado
De 2.350 a 2.440	De 2.020 a 2.100	2,00
Acima de 2.440 a 2.530	Acima de 2.100 a 2.180	3,00
Acima de 2.530 a 2.620	Acima de 2.180 a 2.260	4,00
Acima de 2.620 a 2.710	Acima de 2.260 a 2.340	5,00
Acima de 2.710	Acima de 2.340	6,00

Normalmente a prova é realizada em pista de atletismo olímpica, cuja extensão é de 400m. O ideal é que você treine nesse tipo de pista.

Para os homens, o mínimo é dar seis voltas na pista (sobram 50 m). Para as mulheres, cinco voltas (vão faltar 40m). Essa será sua forma de acompanhar seu desempenho durante a prova. É permitido realizar o teste com relógio de pulso e ele será o seu melhor amigo durante a corrida. Dividindo por seis voltas, vamos ter 2:00 (dois minutos) por volta para os homens.

O CONCURSO PARA O CARGO DE DELEGADO DE POLÍCIA FEDERAL   107

Dividindo por 5 (cinco) voltas, vamos ter 2:24 (dois minutos e vinte e quatro segundos) para as mulheres. Portanto, a ideia é manter-se sempre abaixo desse limite a cada volta, para ter uma folga no final, visto que seu ritmo vai diminuindo.

Vamos à metodologia de aplicação:

"I – o candidato deverá, no tempo de 12 minutos, percorrer a maior distância possível. O candidato poderá, durante os 12 minutos, se deslocar em qualquer ritmo, correndo ou caminhando, podendo, inclusive, parar e depois prosseguir;

II – o início e o término do teste serão indicados ao comando da banca examinadora, emitido por sinal sonoro;

III – após o final do teste, o candidato deverá permanecer parado ou se deslocando em sentido perpendicular à pista, sem abandoná-la, até ser liberado pela banca."

Condutas vedadas são as seguintes:

"I – uma vez iniciado o teste, abandonar a pista antes de ser liberado pela banca examinadora;

II – deslocar-se, no sentido progressivo ou regressivo da marcação da pista, após finalizados os 12 minutos, sem ter sido liberado pela banca;

III – dar ou receber qualquer tipo de ajuda física."

Cuidado. O teste de corrida não tem segunda tentativa. Felizmente erros nessa prova são bastante incomuns. O que pode acontecer é a fadiga causada pelo dia de provas atrapalhar o desempenho. Portanto, sem erros e sem corpo mole. É sofrido, mas são doze minutos que refletirão no resto da sua vida.

Como recomendações finais, principalmente para quem for realizar o exame no período da manhã, aconselho que leve um isotônico e comidas leves (frutas, barras de cereal) e que se alimente bem antes de sair, pois o exame leva tempo. Além do tempo despendido com os testes propriamente ditos, há também todo o tempo de identificação dos candidatos, orientações, deslocamento, etc. Cheguei no meu exame bem cedo pela manhã e a última prova só foi realizada por volta das 12h.

Foram permitidos visitantes, previamente cadastrados. No dia, meus pais foram me assistir. É bastante emocionante. A corrida é a última prova e a mais tensa. Como sabiam da minha dificuldade nessa prova, foram me acompanhando com o relógio. Terminei a corrida apenas 90 metros depois do mínimo.

Ao final, é cair no chão, respirar, deixar o fiscal fazer a marcação e experimentar a melhor sensação do mundo: a sensação de dever cumprido.

A PROVA ORAL

A prova oral é quarta prova (P4) do concurso. Todos os candidatos aprovados no exame de aptidão física são convocados para a prova oral. Ela possui caráter eliminatório e classificatório e vale, em seu conjunto, 16,00 pontos.

A prova versa, assim como a prova discursiva (P2), sobre as matérias de Direito Administrativo, Direito Constitucional, Direito Penal e Direito Processual Penal. Inclusive, a banca é composta por quatro examinadores, um para cada uma dessas matérias.

As provas orais são sempre motivo de muita ansiedade e preocupação dos candidatos. Por um lado, as preocupações são legítimas. Trata-se de um momento de muita exigência, em que é necessário aprender a expor oralmente o conteúdo, o que envolve um treinamento tanto da parte jurídica como da extrajurídica (oratória e técnicas específicas para provas orais). Portanto, a prova oral se apresenta como algo completamente novo para o candidato. Precisamos começar do "zero" em termos de preparação específica para esse tipo de prova, de modo que, no início, é um pouco desesperador. Eu mesmo, como relatei na

O CONCURSO PARA O CARGO DE DELEGADO DE POLÍCIA FEDERAL   109

parte inicial deste livro, na minha primeira prova oral, me sentia extremamente inseguro quando comecei a treinar.

Por outro lado, o número de reprovações nessa fase é extremamente reduzido, em quase todos os concursos, de modo que os candidatos que atingem essa fase do certame devem sentir-se capacitados para enfrentá-la e focar na altíssima probabilidade de aprovação, para não permitirem ser vencidos pelo lado psicológico.

Minha experiência com provas orais é bem intensa. Como já relatei, sofri uma incomum reprovação na primeira prova oral que prestei, em razão de baixíssimas notas na parte "extrajurídica" da composição da nota. Já na prova oral de Delegado, fiz uma preparação especialmente voltada para esse aspecto, e consegui uma aprovação com nota quase máxima.

Portanto, o primeiro ponto que gostaria de abordar é justamente o da composição da nota. Prevê o edital que, na avaliação da prova oral, serão considerados o domínio do conhecimento jurídico, a articulação do raciocínio, a capacidade de argumentação e o uso correto do vernáculo. Normalmente, esses aspectos compõem metade da nota do candidato, sendo a outra metade referente ao conteúdo jurídico da resposta. Portanto, desde já se verifica que é preciso preparar-se nesses dois aspectos: o jurídico e o "extrajurídico".

Para a minha preparação na parte extrajurídica, acredito que duas ferramentas foram essenciais.

A primeira é a contratação de um cursinho. Assim como nas provas subjetivas, as melhores dicas específicas de preparação e execução dessa prova sempre serão passadas de forma adequada pelo cursinho contratado. Os bons cursinhos têm professores especialistas em provas orais, que transmitem dicas de oratória, postura, emocional, como se portar diante de situações específicas, como lidar com o tempo, como estruturar sua resposta, como sair de situações difíceis, como se corrigir, como reformular suas respostas, entre muitíssimas outras questões dessa tão peculiar fase do concurso. Além disso tudo, os melhores cursinhos oferecem a oportunidade de realizar simulações e mandam questões para treino de conteúdo.

A segunda fermenta, conforme também já narrei, foi a realização de sessões de consulta com uma fonoaudióloga. Após minha reprovação na prova oral da Defensoria, para somar à minha preparação, investi em três dessas sessões. Foi um excelente investimento, que me trouxe grandes ganhos de qualidade. A profissional analisou a minha forma de me expressar, de uma maneira extremamente técnica, apontando com muita propriedade e de maneira minuciosa todos os "defeitos" das minhas exposições orais. Prescreveu-me exercícios de dicção e formas de treinar minhas exposições. Minha evolução foi tremenda.

Quanto ao estudo do conteúdo jurídico, ele deve seguir normalmente, nos mesmos moldes do que vinha sendo estudado para as primeiras fases. Apenas acrescentaria uma abordagem mais voltada para a oral, no sentido de sempre tentar, ao estudar o conteúdo, apresentá-lo mental ou oralmente para si mesmo, de modo a desenvolver a habilidade de estruturar o que foi aprendido em palavras, assim como será necessário fazer na prova oral.

No mais, gostaria de dizer aos candidatos que temem essa fase mesmo antes de chegar nela, e aos que, tendo acabado de avançar para a oral, sentem-se completamente despreparados, que se não se preocupem, pois é possível evoluir bastante no tempo entre a aprovação na P1 e P2 e a P4 (oral). Se você já chegou a essa fase do certame, com certeza é preparadíssimo, e suas chances de aprovação são altíssimas. Foque nisso e aperte o acelerador na preparação, pois é momento de reta final para realização do seu sonho.

O CURSO DE FORMAÇÃO, FORMATURA E POSSE

O curso de formação profissional é a segunda "etapa" do concurso público. Isso significa que não participamos do CFP já nomeados ou empossados. Ainda não somos delegados, mas meros alunos. Nosso desempenho no curso, medido através de notas em várias disciplinas, define a classificação final para fins de escolha de vagas. Além de classificatório, o curso é eliminatório, de modo que notas abaixo da média, lesões, faltas e outros motivos podem nos tirar do concurso público.

Vou contar neste capítulo um pouco da minha experiência no curso de formação profissional, uma experiência inesquecível.

Cheguei em Brasília numa sexta-feira para realizar a matrícula no CFP. A arquitetura planejada da cidade não faz esquecer que estamos bem longe de casa. Já no sábado, nós, os colegas de João Pessoa, fomos para a Academia Nacional de Polícia fazer a matrícula. A primeira impressão já vem com a famosa placa, com os dizeres "Para a realização de um sonho". Nem parecia real.

Uma fila enorme de alunos se forma em frente à grande entrada da ANP, onde policiais com as famosas fardas pretas nos esperam. O terreno é cercado por grades com alertas "área restrita". Minha impressão naquele momento era de uma aura mística cercando a instituição. A imagem que tinha da polícia era a dos noticiários. Parecia que estávamos para entrar em uma área de segurança máxima. À frente, as Bandeiras Nacional, da Academia e da Polícia Federal anunciam a importância daquela escola de polícia.

Alguns policiais federais estão fazendo uma espécie de triagem inicial e convidam a entrar no complexo. A estrutura da academia impressiona desde a primeira vista. A área é enorme. Misturam-se as imponentes estruturas de concreto com as grandes árvores e o barro vermelho característico, tudo coberto por um céu de poucas nuvens, típico do clima seco do planalto. A Academia tem mais de 700 mil metros quadrados de área. Veja só a descrição apenas da área construída retirada do próprio site da instituição:

> "Quanto à logística, em uma área de 60.000 m2, estão distribuídas lanchonetes, restaurante, salas de aula, auditórios, Teatro de Arena, laboratórios de informática e perícia, complexo poliesportivo (pista de atletismo, campo de futebol, piscina semiolímpica, academia de ginástica, ginásio, quadras poliesportivas, dojôs, circuito-estratégico), Estandes de Treinamento de Armamento e Tiro, Centro de Treinamento Operacional (torre, plataformas de observação, ambientes simulados para entradas táticas, cumprimento de mandados de prisão, busca e apreensão em diversos níveis de risco), alojamentos, biblioteca e museu."

Desde o primeiro "bem-vindo", no dia de matrículas, já sentimos o clima de disciplina rígida. É apenas um prenúncio do que nos será exigido. São passadas as primeiras orientações acerca de para onde devemos nos dirigir. O procedimento de matrícula dura um certo tempo e são feitos vários procedimentos. Passamos por avaliações, recebemos crachás provisórios e adquirimos fardamento.

Feita a matrícula no sábado, descansei um pouco da viagem e, no domingo à noite, retornei à academia. Já dormimos lá. E então começa, de fato, o Curso de Formação Profissional.

Quanto à disciplina, penso que, para aqueles que nunca viveram em um ambiente do tipo, seja servindo às forças armadas ou em cursos de formação de outras forças policiais, há um grande impacto. Vivemos uma rotina diária que pede impecável disciplina, pontualidade, postura, atenção, etc. Além disso, nos é exigido o regime de ordem unida para formações,

O CONCURSO PARA O CARGO DE DELEGADO DE POLÍCIA FEDERAL   113

deslocamentos, apresentações para as aulas. A ordem unida é similar (menos rígida) que a militar.

É realmente necessária uma mudança no comportamento e na mentalidade. O aluno tem que agir como aluno. A consequência da não adaptação é perder preciosos pontos na nota final do curso e correr o risco de descer na classificação para escolha de vagas. Esquecer material obrigatório para as aulas, andar desuniformizado fora dos alojamentos, atrasar para a formação são exemplos de condutas penalizadas com as temidas "canetadas".

Se o leitor não possui experiência policial, como era o meu caso, não se preocupe. Terminei o curso na vigésima colocação de cento e setenta e sete alunos. Cumpri todas as atividades operacionais com nota quase máxima, educação física com nota máxima e armamento e tiro com uma das melhores notas da turma. Ou seja, a missão é plenamente exequível, mesmo sem experiência prévia.

Além disso, no nosso curso, dentre os delegados federais, 48,02% declararam que já trabalharam como policial ou militar, ou seja, metade da turma de alunos é composta por pessoas sem experiência operacional.

A meu ver, as disciplinas que são lecionadas podem ser divididas em dois pilares, de forma genérica: o operacional e o teórico.

No operacional, aprendemos técnicas de abordagem pessoal, abordagem veicular, exploração de local de interesse, primeiros socorros, navegação terrestre, radiocomunicação, direção operacional, defesa pessoal, entre várias outras. Também há aulas de educação física, especialmente dirigidas ao trabalho policial. Policiais capacitados, muitos integrantes de grupos táticos de elite, ministram as aulas.

Na linha teórica, temos aulas fantásticas sobre a doutrina da Polícia Federal. Capacitadíssimos professores ministram as aulas, muitos dos quais comandaram operações renomadas de combate à criminalidade organizada. A academia os convoca de todas as áreas, órgãos e cargos da Polícia Federal, de modo que temos aulas com diretores, superintendentes, chefes de órgãos centrais, entre outros. Os professores transmitem toda a sua vasta experiência e conhecimento, com exemplos práticos e sempre apoiados no material doutrinário padrão da Polícia Federal.

Penso que o curso de formação profissional é uma grande experiência para a vida de qualquer um. Para quem ainda não tinha contato com a área policial, a riqueza do aprendizado é enorme e há, sem dúvida, um grande ganho pessoal tão somente por participar de um curso formação de tamanha excelência.

Quanto à estrutura, a Academia Nacional de Polícia e fantástica. Costumava pensar que sequer parecia que estávamos numa instituição pública. Alguns prédios são mais antigos, mas em sua maioria, muito bem cuidados. As salas de aula são bem estruturadas, climatizadas, com projetores e pontos de energia, de modo que cada aluno utiliza seu notebook durante toda a aula. Há biblioteca para estudo após o horário das aulas.

Reuniões, palestras e avisos importantes ocorrem no famoso "teatro de arena", que podia comportar todos os alunos do CFP reunidos. Ao final do curso, o teatro de arena sedia também a escolha de vagas.

Convivemos durante todos os dias, seis dias por semana, com colegas de sala, o que acaba produzindo uma grande união da turma e um mútuo apoio para enfrentar o curso. Mesmo com a concorrência pelas melhores posições, todos os colegas torcem uns pelos outros nas provas de armamento e tiro, físicas e operacionais.

Um grande obstáculo para o aluno é o psicológico. Há muita pressão no decorrer da academia, advinda de todos os

O CONCURSO PARA O CARGO DE DELEGADO DE POLÍCIA FEDERAL   115

lados. Provas teóricas e operacionais, disciplina rígida, testes físicos, lesões, desempenho no tiro são algumas das situações que costumam tirar o sono dos alunos. Cada um tem seu ponto fraco. Alguns são excelentes na sala de aula, mas sentem dificuldade no tiro. Outros, excelentes nos testes de corrida, mas sentem dificuldades na natação. O bacana é ver o apoio mútuo dos colegas nas provas.

Tudo isso é potencializado pela distância de casa. Como o tempo de curso é longo, problemas externos às vezes acabam por acontecer e afetam os alunos. A saudade, em tempos de hoje, felizmente pode ser remediada pelos meios de comunicação. *WhatsApp, Face Time* são tecnologias que praticamente eliminam a distância dos familiares e amigos. Eu sentia bastante saudade de amigos e familiares, mas sempre tinha em mente que muitos estavam em situação pior do que a minha. Alguns colegas haviam acabado de ser pais e outros o foram enquanto estavam na academia, sendo liberados apenas por um final de semana e depois retornaram. Muitos tinham famílias formadas, com filhos e até netos! Eu era apenas eu, com saudade de namorada, amigos e familiares, mas sem responsabilidade por eles.

O curso é duro, mas muito gratificante. O aprendizado e a vivência são fantásticos. Não é o caso de trazer aqui tudo que foi vivido, mormente porque o conteúdo das aulas é um assunto interno da polícia federal. Posso dizer que o aluno terá aulas excelentes durante o curso e experiências práticas magníficas. Precisará estudar muito após as aulas, procurar estar bem condicionado fisicamente, procurar manter a mente sã e não se lesionar. Deverá adequar-se à disciplina exigida, dedicar-se às aulas, aprender a conviver com colegas. Irá vibrar, se emocionar, criar laços de amizade e viver uma das melhores fases de sua vida. E, ao final, com a benção de Deus, vencerá essa dura etapa da sua carreira. E isso nos leva ao final do curso.

Para mim, a última semana do curso, já em clima de comemoração e despedida, foi uma das melhores semanas da vida. A sensação de vitória e dever cumprido preenche o aluno completamente. Todos estão felizes por terem chegado ao fim e ansiosos por ingressarem na carreira, cuja degustação nos foi oferecia ao longo do curso. Parece que estamos acabando uma fase difícil para entrar numa fase excelente. Para mim foi assim. Há, claro, momentos de muita tristeza, pois é nessa época que alguns colegas são reprovados, pelos mais variados motivos.

As notas obtidas ao longo do curso são então consolidadas e divulgadas. É formado o quadro final de colocação.

Um dos dias mais esperados e emocionantes é o da escolha de vagas. Após alguns problemas que surgiram na reta final, relacionados a ações propostas por candidatos, a escolha de vagas ocorreu de forma repentina, quando foram resolvidas as pendências. Fomos chamados às pressas para nos reunir no teatro de arena e dar início ao processo. Sentamo-nos nos bancos do teatro conforme nossa classificação, sendo que os mais bem colocados ficam nas fileiras da frente e os últimos nas fileiras de trás.

O teatro fica cheio. Somos convocados um por um para subir ao púlpito e tomar o microfone. O convocado então pronuncia seu nome completo e qual lotação deseja. Os que ainda aguardam a convocação assistem da plateia, torcendo pelos colegas. Após um aluno pronunciar a lotação escolhida, a opção vai desaparecendo do painel do teatro. Quem está indo para "perto" de casa ou para a lotação que, por qualquer motivo, desejava, chora, abraça os colegas. As escolhas acabam também arrancando alguns suspiros de quem desejava a vaga. As pessoas estão sempre com anotações à mão, assinalando as opções que deixaram de existir.

Após escolher sua "casa" pelos próximos meses (ou anos) o aluno então se dirige à mesa de autoridades que presidem

O CONCURSO PARA O CARGO DE DELEGADO DE POLÍCIA FEDERAL

todo o processo, e subscreve a ata. Chega a hora de comunicar aos familiares a lotação escolhida. Escolhidas as vagas, fomos liberados do regime de semi-internato e pudemos sair da academia, retornando apenas no dia seguinte. Com a proximidade de festa de formatura, muitos dos familiares dos alunos já se encontram na cidade, e pudemos nos juntar a eles para celebrar.

As emoções da última semana são coroadas com o baile de formatura e a colação de grau.

O baile de formatura é um evento enorme. É custeado e organizado pelos próprios alunos, mas como cerca de quinhentas pessoas estão se formando é uma festa de grande orçamento. Portanto, normalmente conta com artistas nacionalmente conhecidos e uma superestrutura.

Realizada na própria ANP, a colação de grau, que no nosso curso ocorreu no dia seguinte ao baile, é o momento de convidar a família e amigos para presenciar o clima da polícia federal. A Academia abre as portas e se prepara para receber a todos. Tivemos exibições dos grupos táticos da Polícia Federal, viaturas, aeronaves, cães, armamento, entre outras atrações, que só ajudam a aumentar a admiração dos nossos queridos por todo aquele momento aura que o envolve.

Uma grande estrutura coberta foi montada no pátio da Academia Nacional de Polícia, acomodando centenas de pessoas. São tantos convidados que não há lugar para todos. Os que conseguem lugares sentam-se e acompanham discursos das autoridades da Polícia Federal e dos altos escalões da república.

Tivemos a presença do Presidente da República e do Ministro de Estado da Justiça em nossa colação, que proferiram homenagens à nossa instituição e nos convidando a fazer o melhor pelo nosso país. A satisfação de todos os presentes com aquele momento está estampada nos rostos de todos, percebendo-se com clareza o orgulho de todos estarem ali e o reconhecimento que a Polícia Federal tem perante a população brasileira. Particularmente, senti-me orgulhoso de poder retribuir com aquele momento único, toda a dedicação e carinho que meus familiares e amigos me ofereceram por toda a vida.

A colação é repleta de momentos emocionantes para todos que a assistem. São feitas as homenagens e congratulações de praxe. Os alunos entoam a plenos pulmões o brado escolhido para representar todo o corpo de alunos. O som ecoa por toda a academia e enchem os familiares e amigos de orgulho.

Há vários vídeos no *youtube* desse momento e dos demais que compuseram a colação de grau.

Também é proferido o juramento do policial federal, que consiste na sagrada promessa de um compromisso consciente, moral e ético assumido em declaração solene, pelo homem de polícia, no exercício do cargo e fora dele: "Juro, pela minha honra, que envidarei todos os meus esforços no cumprimento dos deveres do policial federal, exercendo minha função com probidade e denodo e, se necessário, com o sacrifício da própria vida".

Terminamos a jornada. Nossa nomeação em diário oficial já saíra no mesmo dia da colação. Podíamos imediatamente tomar posse, e foi o que a maioria fez. Parti logo em seguida para a minha lotação para tomar posse.

Havia conseguido uma vaga na Paraíba, meu Estado natal, de modo que tomei posse na Superintendência Regional, situada em João Pessoa, minha cidade, a poucos minutos de casa. Parecia um sonho.

Por fim, deixo um especial agradecimento à querida Turma Delta por todos os momentos divididos ao longo do curso. Muita admiração por todos e, principalmente, orgulho de ter estado entre pessoas tão capacitadas e vocacionadas.

V

A INSTITUIÇÃO E A CARREIRA

A HISTÓRIA DA POLÍCIA FEDERAL

Apesar de ser descendente de instituições mais antigas, a história da Polícia Federal começa de fato na Era Vargas, no período conhecido como Estado Novo, a partir da edição do Decreto-Lei n° 6.378, de 28 de março de 1944, que transformou a Polícia Civil do Distrito Federal, então sediado no Rio de Janeiro, no Departamento Federal de Segurança Pública – DFSP. A intenção do Presidente era criar um órgão policial com atribuição para questões de interesse nacional. Inicialmente, foram outorgadas as DFSP as seguintes funções:

> *Art. 2° O D.F.S.P. terá a seu cargo, no Distrito Federal, os serviços de polícia e segurança pública e, no território nacional, os de polícia marítima, aérea e segurança de fronteiras.*
>
> *Parágrafo único. Na execução dos serviços de polícia e segurança pública o D.F.S.P. prestará cooperação aos serviços de polícia estaduais, especialmente quando interessada a segurança do Estado e a estrutura das instituições.*

Mais tarde, em 1946, o Decreto-Lei n° 9.353 ampliou as competências do DFSP. Além dos serviços de polícia marítima, aérea e de fronteiras e de cooperação com as polícias estaduais, o DFSP passou a atuar na apuração de determinadas infrações penais, como o comércio de entorpecentes e os crimes que atentassem contra a personalidade internacional, a estrutura e a segurança do Estado.

Apesar de pensado inicialmente para ser uma polícia de caráter nacional, até o início da década de sessenta, o DFSP não tinha estrutura para isso. Aos poucos, surgia um movimento de fortalecimento e modernização do DFSP. A ideia era transformá-lo em uma polícia de efetiva atuação nacional, adotando um modelo similar ao de órgãos policiais como o *Federal Bureau of Investigation – FBI* americano e a Real Polícia Montada do Canadá.

Esse projeto só veio a ser concretizado com a Lei n° 4.483/64, que conferiu ao DFSP envergadura e atribuições próprias de órgãos policiais nacionais de países avançados. Foram criadas várias novas atribuições, tais como a "apuração, em colaboração com as autoridades dos Estados, dos crimes que, por sua natureza, características ou amplitude, transcendam o âmbito de uma unidade federada ou que, em virtude de tratados ou convenções internacionais, o Brasil se obrigou a reprimir" (art. 1°, "d").

A presença da Polícia Federal nas Constituições brasileiras veio apenas alguns anos depois, com a Constituição Federal de 24 de janeiro de 1967 que, em seu art. 8°, inciso VII, estabeleceu que competia à União organizar e manter a Polícia Federal, descrevendo ainda as suas atribuições.

Apesar de já previsto na Constituição de 1967 com a nomenclatura de Polícia Federal, o antigo nome de Departamento Federal de Segurança Pública só foi abandonado mais tarde, com a edição do Decreto-Lei n° 200/67 que, em seu art. 210, assim dispôs:

Art. 210. O atual Departamento Federal de Segurança Pública passa a denominar-se Departamento de Polícia Federal, considerando-se automaticamente substituída por esta denominação a menção à anterior constante de quaisquer leis ou regulamentos.

Em 21 de julho de 1977, foi inaugurada a sede do DPF, localizada no Setor de Autarquias Sul, Quadra 6, Lotes 9 e 10, onde, atualmente, encontra-se o tradicional Edifício-Sede da Polícia Federal, apelidado de "Máscara Negra". Na data da edição deste livro, a Polícia Federal prepara sua mudança para uma nova sede, um prédio maior, mais moderno e bem estruturado, condigno com as nobres funções da nossa instituição.

Por fim, a Constituição Federal de 1988 também manteve a denominação Polícia Federal, no art. 144, inciso I, do Capítulo III – Da Segurança Pública, do Título V – Da Defesa do Estado e Das Instituições Democráticas, tendo caracterizado a Polícia Federal como um órgão permanente, organizado e mantido pela União, e fixado suas atribuições, dentre as quais se destaca a de exercer com exclusividade as funções de polícia judiciária da União.

A nossa Instituição somente passou a ser designada oficialmente como Polícia Federal com a edição do seu regimento interno vigente, aprovado pela Portaria nº 155/2018, do Ministério da Segurança Pública.

A POLÍCIA FEDERAL HOJE

Atualmente, a Polícia Federal, enquanto instituição, pode ser conceituada como o órgão permanente, organizado e mantido pela União, inserido dentro da Estrutura do Ministério da Justiça e Segurança Pública, com previsão expressa na Constituição Federal, no Título V (Da Defesa do Estado e das Instituições Democráticas), Capítulo III (Da Segurança Pública), em seu art. 144. Vejamos o que prevê o art. 144 da Constituição com relação à PF:

> *Art. 144. A segurança pública, dever do Estado, direito e responsabilidade de todos, é exercida para a preservação da ordem pública e da incolumidade das pessoas e do patrimônio, através dos seguintes órgãos:*
>
> *I – polícia federal;*
>
> *(...)*
>
> § 1º A polícia federal, instituída por lei como órgão permanente, organizado e mantido pela União e estruturado em carreira, destina-se a: (Redação dada pela Emenda Constitucional nº 19, de 1998)
>
> *I – apurar infrações penais contra a ordem política e social ou em detrimento de bens, serviços e interesses da União ou de suas entidades autárquicas e empresas públicas, assim como outras infrações cuja prática tenha repercussão interestadual ou internacional e exija repressão uniforme, segundo se dispuser em lei;*
>
> *II – prevenir e reprimir o tráfico ilícito de entorpecentes e drogas afins, o contrabando e o descaminho, sem prejuízo da ação fazendária e de outros órgãos públicos nas respectivas áreas de competência;*
>
> *III – exercer as funções de polícia marítima, aeroportuária e de fronteiras; (Redação dada pela Emenda Constitucional nº 19, de 1998)*
>
> *IV – exercer, com exclusividade, as funções de polícia judiciária da União.*

Dentre as funções da PF previstas na Constituição Federal e na legislação, sem dúvida desponta como principal e mais importante, a realização da investigação criminal no âmbito federal.

A apuração ou investigação das infrações penais, materializada no Inquérito Policial, é a atividade que visa ao esclarecimento dos fatos potencialmente criminosos, possibilitando assim, ao Sistema de Justiça Criminal, o processamento dos seus autores.

Quanto às infrações penais apuradas pela PF, destaco que não só aquelas de competência da Justiça Federal estão dentro do seu espectro de atribuições. Na verdade, por ser a única polícia judiciária com alcance nacional, a Polícia Federal tem também sob sua responsabilidade a apuração de outras infrações penais, como por exemplo o tráfico de drogas e os crimes relacionados na Lei n. 10.442/2002.

São crimes que a Polícia Federal costuma enfrentar: roubo e furto praticados contra o patrimônio de entidades federais, especialmente da Caixa Econômica Federal e da Empresa Brasileira de Correios e Telégrafos, tráfico de drogas e similares, contrabando, descaminho, crimes licitatórios, crimes contra a administração pública, lavagem de capitais, crimes ambientais, crimes de extração ilegal de recursos da união (ex. minerais), estelionato previdenciário, crimes tributários, crimes contra o sistema financeiro nacional, crimes eleitorais, terrorismo, entre outros.

Além da sua função primordial de Polícia Judiciária, a Polícia Federal tem muitas outras atribuições. Inclusive, há atribuições da PF que vão além das funções genericamente previstas no texto constitucional.

Uma das mais importantes é a sua atuação na função de polícia administrativa. Nesse âmbito, ela é responsável pelas seguintes áreas:

a) Polícia de Imigração;

b) Controle e Fiscalização de Segurança Privada;

c) Controle de Produtos Químicos;

d) Controle de Armas de Fogo.

Essas áreas de atuação foram confiadas à Polícia Federal por terem uma ligação com as suas demais funções. Por exemplo, a atuação no controle de produtos químicos se destina à fiscalização de matéria prima que pode ser utilizada para a produção de drogas. Atua-se assim com foco na prevenção do crime de tráfico.

Duas outras interessantes funções da Polícia Federal estão relacionadas à cooperação internacional. A primeira são as Adidâncias e Oficialatos de Ligação, concebidos para serem um ponto de contato da polícia brasileira com as polícias estrangeiras e outras organizações internacionais, possibilitando a cooperação em assuntos de interesse mútuo. Por meio das Adidâncias e Oficialatos de Ligação, a PF está presente em diversos países, tais como: Canadá, Estados Unidos, Argentina, Paraguai, França, Reino Unido, África do Sul, entre vários outros. A segunda função ligada à área internacional é a de ser o órgão representante da Organização Internacional de Polícia Criminal – Interpol, no Brasil.

Além de tudo isso, a Polícia Federal faz parte do Sistema Brasileiro de Inteligência (SISBIN), produzindo inteligência na sua área de atuação. Nesse ponto, é interessante pontuar que inteligência não é a mesma coisa que investigação criminal, não obstante ambas possam acabar se relacionando e se alimentando mutuamente. A distinção básica entre elas é quanto à finalidade: enquanto a investigação destina-se a verificar a existência e as circunstâncias de um crime, e assim subsidiar o sistema de justiça criminal com provas legitimamente produzidas, a inteligência destina-se a produzir conhecimento para a tomada de decisões. Por causa dessas duas finalidades, as "apurações" criminais e de inteligência dão-se de maneiras diferentes.

Quanto à estrutura e organização, a Polícia Federal tem como norma principal a Portaria nº 1.252, de 29 de dezembro

A INSTITUIÇÃO E A CARREIRA   125

de 2017 do Ministério da Justiça e Segurança Pública, que traz o Regimento interno da Polícia Federal.

A polícia é comandada pelo Diretor Geral que, conforme previsto no art. 2° – C da Lei n° 9.266/96, é nomeado pelo Presidente da República. Trata-se de um cargo privativo de Delegado de Polícia Federal integrante da classe especial.

Sua estrutura organizacional nas "pontas", como costumamos chamar as unidades que lidam diretamente com as atividades finalísticas da Polícia, pode ser dividida em dois tipos:

a) **Delegacias Descentralizadas**: atuam fora das capitais dos Estados, sendo responsáveis por uma circunscrição territorial. Em regra, não há divisão dentro dessas delegacias quanto à atribuição. Por essa razão, os delegados atuam como "clínicos gerais", apurando diversas espécies de crime e exercendo ainda outras atividades.

b) **Superintendências**: as Superintendências são estruturas bem maiores, situadas nas capitais dos Estados, onde há mais delegados e tramitam mais investigações. Além de serem responsáveis por uma circunscrição territorial, são divididas em delegacias especializadas, de modo os delegados atuam em áreas específicas, como, por exemplo, combate à corrupção, tráfico de drogas, crimes ambientais, imigração, inteligência, etc. Abrigam ainda os órgãos de direção das atividades da Polícia Federal na unidade federativa.

Há ainda os órgãos centrais, sediados em Brasília, cuja função principal é dirigir a instituição e dar apoio às estruturas que atuam nas atividades finalísticas.

A Polícia Federal, especialmente na região Norte, tem ainda seus postos avançados e centros de treinamento. Existem ainda os grupos táticos, como o Comando de Operações Táticas

– COT e a Coordenação de Aviação Operacional – CAOP. Outro setor interessante é a Divisão de Segurança de Dignitários – DSD, por meio do qual a PF presta serviço de proteção às mais altas autoridades, tais como presidenciáveis e Chefes de Estados Estrangeiros em visita ao Brasil.

Podemos citar outras interessantes unidades, como as delegacias aeroportuárias, situadas nos mais movimentados aeroportos do país, a Divisão de Contrainteligência Policial – DI-CINT, a Divisão Antiterrorismo – DAT, os Grupos Especializados em Bombas e Explosivos – GBE, etc.

Seria difícil falar sobre todas as áreas, funções, e atribuições da nossa instituição, tão variadas que são. É por isso que reitero, a Polícia Federal tem espaço para todos os tipos de perfis e vocações. Espero que os leitores tenham se entusiasmado com o que foi apresentado e, num futuro próximo, estejam ombreando conosco nessa tão especial instituição do nosso País.

O CARGO DE DELEGADO DE POLÍCIA FEDERAL

O Delegado de Polícia Federal, integrante dos quadros da Polícia Federal, é a autoridade policial no âmbito da polícia judiciária da União e tem como atribuição principal e exclusiva a de presidir as investigações criminais, materializadas no Inquérito Policial, conforme previsto na Lei 12.830/13. Exerce função de natureza jurídica e policial, essencial e exclusiva de Estado, conforme previsto na Lei nº 9.266, de 15 de março de 1996, que organiza a carreira da Polícia Federal.

Para entender a atividade do Delegado como de natureza jurídica e policial, devemos lembrar que, além de determinar e participar de medidas investigativas, o Delegado, ao realizar a investigação criminal, busca verificar o enquadramento (ou o não enquadramento) de um determinado fato a uma conduta prevista em um tipo penal, de modo a subsidiar a continuidade

A INSTITUIÇÃO E A CARREIRA   127

da persecução criminal, tarefa que envolve a análise de todos os aspectos jurídicos do crime.

Além disso, é importante perceber que, nos tempos atuais, a investigação criminal tem crescido bastante em relevância, pois é nela que tem sido decidido o jogo da persecução penal. Condenações frutos de grandes operações, como a Castelo de Areia e a Satiagraha, foram anuladas em Tribunais Superiores em razão de supostos vícios ocorridos ainda na fase investigativa. Por isso, tem se tornado imprescindível que as apurações realizadas pelas Polícias Judiciárias, dentre elas a PF, sejam realizadas em obediência às normas processuais penais, administrativas e constitucionais.

Por fim, percebamos que, ao logo da investigação, são realizados diversos atos que mitigam direitos fundamentais do investigado em prol do interesse público, tais como buscas e apreensões, interceptações telefônicas, medidas assecuratórias patrimoniais, quebras de sigilos bancário, fiscal e telemático, etc. Em todos esses casos, além de o Delegado poder postular diretamente ao juízo pelo deferimento das medidas, cabe à autoridade policial conduzir a investigação adequadamente para que sejam respeitadas todas as garantias aplicáveis.

Todas essas características demonstram que investigação criminal não é uma investigação comum, um mero detetivismo, mas uma investigação jurídica. É por essa razão que a atividade do Delegado de Polícia Federal tem previsão expressa como atividade de natureza jurídica e policial. Também é por esse motivo que o ingresso no cargo de Delegado de Polícia Federal é realizado mediante concurso público de provas e títulos, com a participação da Ordem dos Advogados do Brasil, sendo exigido o bacharelado em direito e ainda 3 (três) anos de atividade jurídica ou policial, comprovados no ato de posse.

Além da sua função primordial de conduzir as investigações, o Delegado de Polícia Federal, conforme previsto, é responsável pela direção das atividades do órgão (art. 2o-A da Lei n° 9.266/96). Assim, o ocupante do cargo será chamado, no decorrer de sua carreira, a titularizar postos de direção e chefia da instituição, comandando equipes, setores, coordenações, delegacias descentralizadas e especializadas, superintendências, etc.

Regem a nossa carreira, além da tradicional Lei 8.112/90, basicamente, os seguintes diplomas legais: 1) Lei 9.266/96, 2) Lei 4.878/65, 3) Lei 11.358/06, 4) Lei 12.775/12 e 5) Decreto Lei 2.251/85. Cito ainda a Lei 12.830/13 que dispõe sobre a investigação criminal conduzida pelo Delegado de Polícia.

Atualmente, a carreira está dívida em quatro classes, a Terceira Classe, na qual se dá o ingresso no cargo, a Segunda Classe, a Primeira Classe e a Classe Especial.

A progressão na carreira ocorre além de outros requisitos, mediante o cumprimento dos seguintes períodos mínimos em cada classe:

CLASSE	TEMPO NA CLASSE PARA PROGRESSÃO
Especial	–
Primeira	05 anos
Segunda	05 anos
Terceira	03 anos

Conforme previsto no art. 144, § 9° c/c 39, § 4°, da Constituição Federal, nossa carreira é remunerada por meio de subsídio, fixado em parcela única, vedado o acréscimo de qualquer gratificação, adicional, abono, prêmio, verba de representação ou outra espécie remuneratória.

Os subsídios dos cargos integrantes da carreira de Delegado de Polícia Federal são atualmente os seguintes:

CLASSE	SUBSÍDIO
Especial	R$ 30.936,91
Primeira	R$ 27.846,74
Segunda	R$ 24.298,42
Terceira	R$ 23.692,74

A atividade de Delgado é de dedicação exclusiva (art. 4º da Lei n.º 4.878/65), de modo que não é lícito o exercício de outras atividades remuneradas, exceto o cargo de professor, desde que haja compatibilidade de horários, conforme permitido no art. 37, XVI, *b*, da Constituição Federal.

A nossa jornada é de 40 horas de trabalho semanais, apesar de frequentemente estarmos extrapolando essa jornada, devido à carga de trabalho. Temos ainda o direito de reservar 1 (uma) hora da carga horária diária, para a realização da atividade física (AFI) nos dias de efetivo trabalho.

Por estarmos enquadrados em atividades de risco (Art. 40, § 4º, II da Constituição), nossa aposentadoria tem diferenciais quanto ao tempo de contribuição e idade mínimas (Lei Complementar n.º 51/85).

De forma sintética, esse é o panorama geral das características essenciais do nosso cargo.

COMEÇANDO O TRABALHO: LOTAÇÕES INICIAIS E DESAFIOS

As lotações iniciais na Polícia Federal costumam ter lugar em áreas de fronteira. Isso não significa que não haverá, nos próximos concursos, vagas para provimento inicial em outros pontos do país. Tudo depende da situação do efetivo da Polícia Federal, no período em que se der o provimento das vagas.

No meu concurso, para a primeira turma, por exemplo, houve vagas para vários Estados considerados boas lotações iniciais (RJ, MG, PB, SE, entre outros), apesar de a maioria das vagas encontrar-se no Norte do País, sendo a maior parte delas em regiões de fronteira.

As dificuldades de lotações iniciais estão normalmente relacionadas à adaptação à localidade, muitas vezes com costumes e cultura diferentes. O lado bom é que a Polícia Federal possibilita uma atividade bastante dinâmica, sendo talvez o trabalho menos "burocrático" e "chato" dentro do serviço público.

Quanto à adaptação ao trabalho, penso que a atividade Policial demanda muito aprendizado prático e é diferente de todas as demais atividades profissionais nesse aspecto. Apesar de o CFP proporcionar uma boa introdução, a maior parte do conhecimento prático só pode ser adquirida no exercício da atividade.

O começo, como tudo na vida, é sem dúvida muito árduo. Muitas vezes me vi atolado em Inquéritos e sem saber qual a melhor saída para as investigações, e por essa razão trabalhava bastante, buscando aprimorar minhas habilidades. Porém, como desde o início participamos de operações comandadas por colegas mais experientes e conduzimos as investigações já iniciadas pelos Delegados que deixaram a unidade, acabamos observando e aprendendo rápido.

EXEMPLOS DE SUCESSO DENTRO DA CARREIRA

Inspiração é algo muito importante em todos os aspectos da vida. Todos precisamos de referências no âmbito profissional, familiar, intelectual, espiritual, etc. E nada melhor do que ter grandes referências profissionais na instituição em que nos encontramos, como ocorre na Polícia Federal.

Na PF encontrei exemplos de profissionais que gostam do que fazem, sentem-se realizados, produziram grandes trabalhos e contribuíram de forma positiva e marcante para o bem comum: professores, na Academia Nacional de Polícia, colegas de trabalho e Delegados que já se tornaram referência dentro do Órgão.

Para aqueles que buscam desde já inspirações reais para seguir, recomendo a leitura de livros e outras fontes que retratam trabalhos já realizados pela Polícia Federal.

Um deles é o recente livro **Crime.gov: Quando corrupção e governo se misturam**, de autoria dos brilhantes delegados Marcio Anselmo e Jorge Pontes. O foco do livro é retratar o trabalho de ambos na Operação Lava Jato. Porém, tamanha é a importância da investigação e dos esquemas revelados, que o livro acaba trazendo um panorama da corrupção institucionalizada (termo cunhado pelos autores) no poder público brasileiro. Além disso, o volume traz alguns interessantes relatos de vivências de ambos, ao longo das suas carreiras. Livro recomendadíssimo para entusiasmar aqueles que desejam se tornar delegados.

Há outros livros que também retratam o trabalho da PF, como o "Operação hashtag". Outra opção é procurar na internet informações sobre operações famosas da Polícia Federal, em que a instituição pode apresentar grandes resultados e que foram essenciais para o aprimoramento da qualidade e legitimidade das investigações. Exemplos são a Furacão (Hurricane), Satiagraha, Castelo de Areia, Zelotes e a própria Lava-Jato.

VI

DEPOIMENTOS DE COLEGAS DE CARREIRA

Pedi a alguns colegas que dividiram comigo as salas da Academia Nacional de Polícia para redigirem depoimentos contando suas trajetórias de preparação nos concursos, até a aprovação no sonhado cargo de Delegado de Polícia Federal.

O resultado está nas próximas linhas. Os depoimentos são fantásticos. Não deixem de lê-los, pois todos contêm uma história peculiar de aprovação, que com certeza poderá, cada uma a seu modo, deixar excelentes frutos aos leitores.

MÁRCIO NASCIMENTO LOPES

Minha experiência com concursos públicos se iniciou aos 17 anos de idade, quando concorri ao emprego de carteiro dos Correios. Passei e fui contratado depois de quase dois anos da realização do certame. Já empregado, iniciei a preparação para o vestibular. Tempos depois, obtive aprovação para o curso de Matemática na Universidade Federal de Rondônia.

Nessa época, morava em uma cidade do interior de Rondônia (Jaru) e viajava aproximadamente 100 quilômetros para frequentar a faculdade. Em 2006, prestei concurso para a Polícia Militar do Estado de Rondônia e também obtive aprovação. Frequentei por seis meses o curso de formação e a nomeação ocorreu logo em seguida – foram dias difíceis, conciliei o curso de formação militar com a frequência em algumas matérias da faculdade.

Nesse período, meu estudo era sem qualquer técnica. Lembro-me da aquisição de apostilas da Vestcon após a publicação do edital. Hoje, percebo que não tinha orientação acerca de estratégias de estudo, não conhecia pessoas que estudavam com técnicas para concursos e os cursos virtuais ainda eram incipientes, sobretudo na região Norte do país.

Em 2009, terminei a faculdade de Matemática e, interessado em sair da PM, comecei a estudar para concursos. Queria a PRF e, mais uma vez, comprei uma apostila da Vestcon e iniciei a leitura, cheguei a prestar esse concurso, mas reprovei. Consequência óbvia, reconheço atualmente.

Por providência divina, conheci uma pessoa que estudava para carreira fiscal e já estava envolvida no mundo dos concursos. Foi quando recebi alguma orientação para a otimização do estudo. Uma outra colega me indicou um curso on-line (EuVou-Passar) e também o Q. Concursos.

Absorvi as orientações, adquiri os livros de Direito Constitucional e Direito Administrativo de Vicente Paulo e Marcelo Alexandrino, li esses livros e formei um caderno de anotações para revisões. Além disso, diariamente resolvia muitas questões no Q. Concursos, inclusive de disciplinas que ainda não havia estudado. Com a leitura dos comentários, conseguia compreender alguns temas.

Comecei a fazer provas. Em 2011\2012, passei nos concursos de Técnico Judiciário do TRT da 14ª Região e do TRF da 1ª Região e também para Técnico do Seguro Social (INSS).

O INSS foi quem nomeou primeiro (fiquei na primeira colocação para a localidade concorrida). Tomei posse e exerci o cargo por menos de um ano. Isso porque no final de 2012 o TRF 1 me nomeou, tomei posse e precisei me mudar para uma cidade maior. Pedi desistência da vaga no TRT 14, pois estava satisfeito no TRF.

Em 2013, com 27 anos de idade (casado e com dois filhos), comecei o curso de Direito. Após três anos de curso, o Juiz Federal com quem trabalhava me convidou para assessorá-lo, sobretudo em matéria previdenciária. Fui lotado no Gabinete do Juiz Federal e mergulhei por completo no mundo dos concursos, pois todos os demais colegas do Gabinete estudavam para carreiras jurídicas. Nossos diálogos resumiam-se a temas jurídicos e provas de concursos; muitos casos concretos foram temas de produtivos debates.

Logo nos primeiros dias já me indicaram um curso próprio para carreiras jurídicas federais (Ênfase) e me apresentaram o DIZER O DIREITO (o Juiz Federal Marcio André revolucionou e facilitou o estudo da jurisprudência com seus comentários aos julgados do STJ e do STF). Nesse mesmo período, conheci a página do Justutor e comecei a usá-la para resolução de questões discursivas, mormente nos fins de semana.

Nessa ocasião, trabalhava sete horas por dia (das 12 às 19, geralmente) e ainda fazia faculdade à noite. Assim, saía de casa pela manhã, levava os filhos para a escola e já ficava estudando na biblioteca, ia para o serviço e retornava para a faculdade à noite. Nas aulas que julgava menos interessantes, ficava na sala resolvendo questões no Q.C ou lendo os informativos do Dizer o Direito, quando não ia para a biblioteca concluir o estudo de algum tema iniciado pela manhã.

Eu lia os comentários completos do Dizer o Direito (existe a versão resumida), pois a forma que o Márcio André comenta é uma boa oportunidade de conhecer alguns temas doutrinários e conceitos jurídicos que superam a tese jurídica fixada no julgado objeto da análise.

A partir de 2016, antes mesmo de concluir o curso de Direito, comecei a fazer algumas provas específicas para cargos da área jurídica. Obtive aprovações para Oficial de Justiça do TJRO, do TRF1 e do TRT14. Também consegui aprovação na PGM Manaus, para Advogado da Câmara dos Vereadores de Porto Velho e passei na segunda fase da DPU, mas não fui fazer a prova oral.

Ainda, reprovei na segunda fase para advogado da Assembleia Legislativa de Rondônia. Tive nota geral para ir para a fase oral, mas zerei uma questão de Direito Civil e o edital exigia nota mínima em todas as disciplinas. Até hoje não concordo com a banca, minha resposta foi adequada, merecia ter recebido alguma nota positiva (precisava de apenas 0,01).

Infelizmente isso pode ocorrer, já ouvi vários relatos dessa natureza. Todavia, o candidato não pode se deixar esmorecer com essa situação. Ao contrário, deve recorrer, mas se o recurso não for provido, é levantar a cabeça e partir para a próxima. Aqui deixo uma mensagem: recorram sempre. Na Polícia Federal, por exem-

DEPOIMENTOS DE COLEGAS DE CARREIRA 137

plo, tive recursos providos na discursiva e oral. Tenho um grande amigo que diz que "o recurso também é uma fase do concurso".

Nunca tive muito tempo para dedicação exclusiva aos estudos para concursos. Durante toda essa trajetória conciliei o trabalho e a atenção à família com a preparação. Por essa razão, sempre estudei nos fins de semana e algumas férias foram dedicadas exclusivamente ao estudo; aliás, algumas eram marcadas conforme o calendário de provas. Não me arrependo, faria tudo novamente.

Tenho comigo que não existe uma regra geral de estudo para aprovação em concursos. Todavia, reputo muito eficaz o estudo através de resolução de exercícios. Nessa linha, o Q.C e o Justutor foram cruciais na minha preparação. Além disso, considero extremamente necessário o acompanhamento do DI-ZER O DIREITO, incrível ferramenta gratuita de estudo (não conheço recém aprovados que não tenham estudado o material do Márcio André, a revisão de véspera é sensacional).

Para quem está começando, sugiro um curso próprio para a carreira que se almeja, a formação de um caderno para constantes revisões, a resolução frequente de questões anteriores, tanto objetivas como discursivas, e a realização de provas, mesmo que não sejam do cargo pretendido. Sempre digo: "treino é treino, jogo é jogo".

Fazer provas é a única forma de sentir a atmosfera do concurso, separar as canetas, lembrar do documento com foto, viajar (quando necessário), controlar o tempo, marcar o gabarito sem errar as anotações, passar por fiscalização eletrônica, desligar e retirar a bateria do celular, mesmo que fique dentro da bolsa, escolher o local para se sentar, ou, quando a banca define, pedir para trocar, em razão do ar condicionado, por exemplo.

Esses são exemplos de sensações que só se experimentam na prova. Por mais que se treine em casa, não é possível reproduzir com precisão essas situações. Não se pode permitir que uma falha "boba" o tire do concurso que se pretende. Quem nunca ouviu falar da questão anotada erradamente no gabarito? Já presenciei um candidato ser retirado da sala por ter esquecido de retirar a bateria do celular, que despertou na mochila que estava distante de si.

Preciso dizer também que, na preparação para o cargo de Delegado da Polícia Federal, o candidato tem que reservar um "tempinho" para treinos físicos. O TAF da Polícia Federal é um dos mais complexos das carreiras policiais, muitos candidatos bem classificados nas fases anteriores reprovam nessa etapa por negligência.

Reconheço que sofri nessa fase, durante os últimos anos de estudo apenas praticava Jiu Jitsu no fim de semana, o que é pouco para um teste físico que requer salto, nado, corrida e barras fixas.

Já no que se refere à prova oral, penso que quem já chegou nesta etapa possui conhecimento e técnica de estudo para enfrentar essa fase. O grande desafio dessa prova oral talvez seja manter a tranquilidade. Recomendo um curso próprio para essa avaliação. Procurem cursos reconhecidos no mercado, vale o investimento. Além disso, o treino com colegas é de extrema importância.

Eu não fiz um curso específico para a prova oral da Polícia Federal, porém realizei muitos treinos com colegas, alguns que já tinham enfrentado essa etapa. Convém ressaltar, todavia, que havia feito um curso para a prova oral da DPU, aquela que não fui fazer. Portanto, detinha alguma orientação sobre essa fase.

Abro um parêntese para mencionar a importância de se relacionar com pessoas que também estão nessa caminhada. Nesse caso, a divisão promove multiplicação. A troca de informações, comentários e debates sobre provas e questões são cruciais para o crescimento. Fiz amigos para a vida nesse percurso, construí sólidas amizades na biblioteca.

Essa é, de forma muito resumida, a minha trajetória de preparação para o cargo de Delegado da Polícia Federal. Espero com esses relatos contribuir para que outras pessoas acreditem na possibilidade de aprovação nesse concurso, mesmo que tenham que trabalhar, cuidar da família e estudar para o certame.

Reafirmo, todo sacrifício é recompensado quando da conclusão do curso de formação e da efetiva posse no cargo. Vale muito a pena. Eu não me arrependo das renúncias, sinto-me muito orgulhoso da história acima retratada e do cargo que hoje ocupo.

__Márcio Nascimento Lopes__

Delegado de Polícia Federal

LEÔNIDAS RIBEIRO JÚNIOR

Hoje, Delegado de Polícia Federal lotado no município de Montes Claros/MG, consigo enxergar o caminho de amadurecimento pessoal e nos estudos que transcorri até minha última aprovação, a do certame para meu sonhado e atual cargo. Minha história de aprovação não é necessariamente um roteiro de um concurseiro comum, na verdade nunca me considerei como tal, embora tenha sido aprovado em alguns concursos públicos durante minha trajetória. Por isso, venho compartilhá-la, com o intuito de mostrar que pessoas comuns, com diversas tarefas e afazeres, principalmente laborais, também têm plena chance de obter êxito na caminhada até o cargo que almeja.

O fato de estudar numa Faculdade privada de Direito, sem que meus pais pudessem custeá-la, indubitavelmente, me fez ingressar na vida dos concursos precocemente. Logo aos vinte anos de idade, decidi estudar para o concurso do Banco do Brasil, motivado apenas por minha então namorada, hoje esposa. O ano era 2010, me matriculei em um cursinho noturno, sendo pequena minha experiência em concursos, apenas uma recente aprovação no IBGE. Por três meses, me dediquei aos estudos para a prova, em especial durante os finais de semana, pois durante a semana só tinha tempo para frequentar o cursinho e realizar breves leituras do conteúdo, durante os intervalos entre faculdade, musculação e curso preparatório. Esse concurso me mostrou a importância fundamental de ter um material organizado. Como meu tempo era curto, durante as aulas, montei um caderno teórico organizado, anotando todos os exercícios possíveis repassados pelos professores. Fui aprovado no certame e tomei posse em agosto de 2010. Também fui aprovado na Caixa Econômica Federal, no mesmo ano.

DEPOIMENTOS DE COLEGAS DE CARREIRA

Do quinto período em diante, da Faculdade de Direito, exerci, concomitantemente, o cargo de bancário com os estudos. Me formei em meados de 2012, quando fui aprovado no Exame da Ordem dos Advogados, em minha primeira tentativa. Para realizar alguns projetos pessoais, entre eles meu casamento, tirei um período sabático sem nenhum foco em concursos públicos.

No ano de 2014, com a vida mais estabilizada, decidi investir no meu sonho de ser Delegado de Polícia Federal. Iniciei os estudos das disciplinas jurídicas, quando em agosto do corrente ano, foi publicado o edital para o cargo de Agente de Polícia Federal. Não haviam vagas para o cargo de Delegado. Como o lapso temporal entre a publicação do edital e a prova objetiva era de apenas quatro meses, decidi concentrar nas disciplinas totalmente desconhecidas, entre elas, Contabilidade. Esse concurso foi de fundamental importância, pois descobri formas de maximizar meu aproveitamento nos estudos. Ele me ensinou que videoaulas são importantes apenas nas disciplinas desconhecidas, assim como a necessidade de realizar exercícios, exaustivamente. Durante a preparação, realizei a prova de Investigador da PC/MG, sendo aprovado nesse certame, embora estivesse concentrado somente no concurso da Polícia Federal. Para minha surpresa, realizei a prova da PF no mês de dezembro e, em janeiro, meu nome constava na lista dos aprovados.

O ingresso na carreira de Agente, sem sombra de dúvidas, foi meu maior estímulo para minha aprovação no cargo de Delegado de Polícia Federal. Em síntese, além da experiência obtida em todas as fases correlatas dos dois concursos: testes de aptidão física, psicológica e de exames médicos; também tive a certeza de trabalhar naquele que julgo o melhor órgão da administração pública federal. Durante toda minha preparação para o cargo de Delegado, pude perceber que quão maior é seu desejo de ser aprovado, menores são os obstáculos. Ainda que o cargo de Agente me exigisse grande dedicação, como viagens para missões policiais, quanto mais meu tempo ficava escasso, mais eu aprendia a aproveitá-lo. Muitas foram as vezes que realizei leituras e exercícios durante os deslocamentos das nossas viagens a trabalho. Meu objetivo era enriquecer o máximo possível meu material até a publicação do edital, sobretudo, nas quatro principais disciplinas. Para isso, me dediquei na leitura de sinopses jurídicas e jurisprudências dessas disciplinas, sem nunca deixar de lado a realização diária de exercícios. Como sempre tive resistência a estudar lei seca, decidi que estudaria a partir da publicação do edital, quando a prova objetiva estivesse próxima. Novamente, na véspera da prova, tive a sensação de não estar totalmente preparado para a aprovação. Quando os resultados das provas objetiva e dissertativa foram publicados, meu nome constava entre os aprovados. O que mais me surpreendeu foi a nota obtida no certame: noventa e quatro pontos líquidos na prova objetiva, algo incomum de ocorrer até mesmo em simulados da Banca CESPE. Foi uma emoção indescritível, o filme de toda a jornada de luta e abdicações passou pela minha cabeça. Aquele foi o combustível necessário para que eu encarasse as outras fases do extenso certame, entre elas, a Prova Oral, dessa vez com uma maior autoconfiança e certeza de estar no caminho certo. Penso que nenhuma fase deve ser preterida, por isso, dedique-se a cada uma, como se a mais importante fosse.

Enfim, essa foi minha trajetória até minha posse. Percebi durante o processo que a resiliência humana está acima de qualquer obstáculo que, porventura, apareça. Existiram momentos turbulentos, de frustração, mas desistir nunca foi uma opção. Penso que o foco em uma única carreira, como planejei em meus estudos, pode abreviar bastante o caminho até a aprovação. Desejo que tenha sucesso, paciência e sabedoria em sua caminhada!

Leônidas Ribeiro Júnior
Delegado de Polícia Federal

OZILDO BORGES DE BRITO

"Volte a sonhar, Deus ainda realiza sonhos"

Sou o Delegado de Polícia Federal Ozildo, aprovado no XXXVI Curso de Formação de Delegado de Polícia Federal em 2019.

Sou do interior da Paraíba, fui para o Rio de Janeiro quando tinha 11 anos de idade e lá na cidade maravilhosa não foi nada fácil. Trabalhava como ajudante de pedreiro para ter minha mesada. Aos 16 anos, fui trabalhar de atendente em uma rede de fast food, depois trabalhei como caixa de supermercado e em seguida descobri que existia emprego na Administração Pública através de um vizinho servidor federal, que exercia o cargo de copeiro do Hospital Geral de Bonsucesso, aí que tudo começou.

Estudando em casa, sem dinheiro para fazer cursinhos, treinando por provas anteriores e livros escolares, comecei fazer provas para Fuzileiro Naval, reprovei três vezes e passei na quarta vez.

Em 2005 ingressei como praça no Corpo de Fuzileiros Navais da Marinha do Brasil. Em 2006, ingressei nas fileiras da briosa Polícia Militar do Estado do Rio de Janeiro, onde atuei até o ano de 2013, quando tomei posse no cargo de Inspetor Penitenciário da SEAP/RJ. No ano seguinte, em 2014, tomei posse no cargo de Técnico do Ministério Público do Rio de Janeiro, saindo do ilustre órgão em 2018, quando assumi o cargo de Analista Judiciário do TRF da 2ª Região.

De dentro do ônibus, passava em frente à Superintendência da Polícia Federal no Rio de Janeiro, indo para a faculdade, e imaginava aquilo como um sonho distante, mas acreditava que era possível, porque Deus ainda realiza sonhos!

Hoje me sinto realizado como Delegado de Polícia Federal. É gratificante fazer parte da Polícia Federal, instituição com maior credibilidade na sociedade brasileira. Recebemos aplausos por onde passamos. Isso é motivo de orgulho. Durante o cumprimento de buscas em operações policiais, a viatura da PF é um monumento para fotos da população.

Os próprios alvos das operações respeitam e admiram o trabalho da PF. Ao final, chegam a agradecer pelo trabalho de excelência cumprido no interior do local das buscas, pois respeitamos sempre os Direitos Humanos, cumprimos as leis sem coisificar as pessoas.

Sobre a rotina de estudos, posso afirmar que não há receita mágica. Tudo vai depender do seu foco, da sua vontade de vencer, do seu esforço pessoal e da sua fé em Deus.

Testei vários métodos e passo a detalhar a experiência que tive no sentido de auxiliar na realização do seu sonho. Os cursinhos com videoaulas são bons, mas só faça um único curso para ter uma base, porque o vídeo demora muito e você não absorve com qualidade, na minha opinião. Se você está desatualizado ou parado há muito tempo, faça um curso regular semestral de algum curso bom e basta. Fazer resumos? Fiz um pouco, mas demora muito ler e sintetizar escrevendo. É um método muito eficaz para alguns. Se achar que só consegue compreender os temas resumindo, faça! Você irá passar do mesmo modo, a diferença pode ser o tempo, mas você vai conseguir. Fiz fichamentos em fichas pautadas para fazer pequenos resumos de temas recorrentes e difícil de fixar, isso ajuda a revisar de modo rápido e constante.

Os cursos em PDF vendidos no mercado são bons, mas só utilizei a parte de exercícios comentados. É ideal para você fixar as questões que cobram letra de lei, porque você vê o que mais cai e onde há as pegadinhas das bancas.

O método que funcionou foi seguinte: adotei sinopses para algumas matérias e cadernos de cursinhos para outras matérias e resolvi muitas questões comentadas para fixar o conteúdo. Além disso, no planejamento, incluí uma hora por dia só lendo letra de lei, no sentido de ler o Código Penal todo, o CPP todo, a CF toda, as leis penais mais importantes, o CTN, o Código Civil, entre outros. Dominar a letra de Lei é essencial, porque a maior parte das questões da primeira fase são letra de lei.

Acredite, hoje temos no mercado sinopses com uma qualidade suficiente para passar em vários concursos. Há cadernos produzidos por monitores que substituem capítulos enormes de algumas doutrinas e focam naquilo que você precisa saber, otimizam seu tempo com eficiência e qualidade.

Adote livros que focam em concursos para as matérias mais importantes. Exemplo, li Rogério Greco na graduação e Rogério Sanches para o concurso de Delegado.

Na matéria de Direito Administrativo, adotei como livro de cabeceira o manual do Rafael Oliveira, de linguagem fácil e direta, aponta posições da doutrina destacando a majoritária, bem como a posição dos Tribunais Superiores. Para estudar Processo Penal, adotei sinopse, lei seca, questões e Jurisprudência.

Pelo menos em um dia da semana você deve estudar a jurisprudência, sem isso você não vencerá a Cespe, pois a banca utiliza a posição dos tribunais na fase objetiva, discursiva e oral. No dizer o direito lia o julgado resumido e às vezes completo, criando uma frase que sintetizasse o julgado, montei esse compilado para revisão frequente.

Durante a leitura de livros e cadernos, o ideal é ler e grifar os pontos importantes, sempre revisando o conteúdo estudado num intervalo curto de tempo. Assim, você vai fixar o conteúdo e a curva do esquecimento irá diminuir. Dessa forma você estará preparado para a prova objetiva, discursiva e para a prova oral.

A fase objetiva, discursiva e oral é uma preparação única, tudo que você estudar servirá para todas as demais fases e até para sua vida profissional. Outra coisa, quando você estiver no corte ou próximo à nota de corte, você estará pronto para passar. Basta lapidar alguns pontos, corrigir alguns detalhes, é questão de tempo sua posse. Não pense que só irá passar quando se tornar um professor de cada matéria, por isso não desista. Reprovei para Delegado MG em junho e passei para Delegado de Polícia Federal em agosto de 2018.

Treine para o TAF a partir de hoje, isso mesmo, hoje! Sofri muito porque negligenciei essa parte, quase perdi o concurso porque fui treinar depois que saiu o edital, mas meu histórico de atleta me salvou!

Seja produtivo, não se sabote, curta a família, não se isole do mundo, mas se tiver que abdicar de uma festa ou de um carnaval viajando, seja honesto com você, se a matéria está em dia e se o edital já foi publicado, é hora de intensificar os estudos, depois você curte outros carnavais. Tudo é questão de foco, não precisa ser acima da média, os colegas da minha turma são pessoas normais que, como eu, têm filhos e que tinham no máximo quatro horas por dia para estudar.

Na estrada dos concursos você só decide quando irá começar, você não sabe quando vai tomar posse, mas acredite, só não passa quem desiste, porque quando chegar o seu dia, você vai realizar sua prova, sair do local e ter a certeza que passou antes de ver o gabarito. Isso ocorre porque você está preparado e Deus reservou aquela cadeira para você. Quando esse dia chegar, você vai olhar tudo que passou e verá que valeu à pena cada sacrifício. Nesse momento, reconheça a importância de Deus na sua vida e dos seus familiares que te apoiaram na longa jornada.

Agradeço aos meus pais que, com toda a dificuldade, contribuíram para que eu pudesse frequentar pelo menos uma escola pública desse nosso Brasil e me fizeram um cidadão de caráter. A minha amada esposa Fernanda, pelo amor e apoio incondicional na jornada até a posse, que cuidou de mim e do Guilherme, nas minhas ausências para eu estudar e nas viagens Brasil a fora realizando provas de Delegado.

Ozildo Borges de Brito

Delegado de Polícia Federal

LETÍCIA SANTIN GARCIA MARX

Curiosamente, narrar parte de como foram os preparativos para a aprovação no concurso que agora é grande parte da minha vida teve início com outro sonho...

Meus planos "concurseiros" começaram desde a faculdade, com o intento inicial de ser Procuradora da República. Estagiei em escritório de advocacia e depois no MPF, e adorei essa última experiência, de forma que me motivei bastante a estudar para alcançar esse objetivo.

Logo depois de formada mergulhei de cabeça. Tive a fantástica oportunidade de poder estudar quase que exclusivamente, advogando o mínimo que precisava, além de muito, mas muito apoio da família, em especial dos meus pais.

Tudo parecia perfeito: estudaria até abrir novo concurso e antes faria o concurso de Analista do MPU, para adentrar já no ramo. E assim fiz. Passei no concurso de Analista em 2013 e aguardei nomeação (que ocorreu em 2015). Antes disso, fui acometida de uma doença em 2014, que exigiu longo tratamento e idas a médicos. Lembro-me de levar o caderno de estudos ao hospital para ler durante a recuperação da cirurgia.

Pensava apenas em concurso, de modo que tudo era secundário e deveria se encaixar na minha rotina. Cursinhos, aulas, sites jurídicos, livros, cadernos próprios e questões.

Hoje vejo que esse raciocínio tem o mérito de te fazer focar, mas pode te tornar "cego" para as outras coisas que acontecem, pois a vida não para. Por isso creio que um dos desafios do concurseiro, dentre outros milhares, seja o de fazer com sabedoria as escolhas, sempre ponderando estudo versus prazeres da vida. E até mesmo encarar o estudo como um prazer (fora a pressão inerente, é possível).

Nesse mesmo ano de 2015 abriu o concurso para Procurador da República. Estava com uma excelente bagagem de estudos e fui aprovada para a segunda fase com muito boa nota. Pensei: pronto, meu plano agora está prestes a se concretizar, certo? Errado! Fiz uma segunda fase bastante árdua, doída mentalmente, exauriente, e reprovei no G1 por dois décimos. Eram quatro grupos, tive a nota mínima em três deles e em apenas um faltaram dois décimos.

Acredito que nossa capacidade de superação, resistência e real vontade sejam medidas nos momentos em que você se sente destruído. Era assim que me sentia e, naquele instante, poderia ter levantado a cabeça, seguido em frente, mas não o fiz. Estava cega para as outras oportunidades, de modo que, não obstante estivesse muito preparada para outros concursos, não tive o empenho necessário para virar a página. Fiz outras provas, mas os resultavam não foram satisfatórios, alguns próximos, outros nem tanto, da nota de corte.

Segui trabalhando, já como Analista, e estudando com base em materiais que tinha, mas sem o empenho de antes. Algo havia morrido em mim. Até pode parecer extremamente pueril essa atitude, mas era o que sentia e era com isso que tinha de lidar. Não se trata apenas de reprovar, mas sim lidar com nossos "monstros" – e todos temos alguns, seja imaturidade, seja dificuldade de perder, dentre outros.

O apoio que tive nessa batalha de minha família e, como dito, especialmente de meus pais, foi fundamental. Apesar da luta interna que travava, esse caminho foi menos pesaroso porque podia contar com o amor e a compreensão deles, que sempre me incentivaram e acreditaram em mim, principalmente quando viam que eu tendia a não acreditar mais.

Outro ponto essencial e que segue comigo é a fé. Graças a isso, nunca me senti só ou desamparada. Acreditar em algo superior – ou qualquer nome que se dê ao que eu chamo Deus – traz equilíbrio, paz, além de tirar a superficialidade das coisas e permitir enxergar mais amplamente uma meta.

O divisor de águas se deu em 2016, quando conheci o anjo que em 2018 se tornou meu marido. O Ivan, que curiosamente é Procurador da República, operou um verdadeiro milagre, o de fazer renascer a vontade perdida dentro de mim. De forma sutil, carinhosa, sem pressão, demonstrava com exemplos como pode ser prazeroso se dedicar a um objetivo, que pode ser encarado com alegria, não necessariamente com depressão.

Houve momentos em que pensei em desistir de estudar. A rotina de estudos é pesada e envolve muitas restrições, mesmo que diferentes para cada realidade. Porém, algo dentro de mim não queria parar. Atualmente, entendo que é perfeitamente possível e legítimo escolher conscientemente tomar outro rumo, afinal, há riqueza na vida e nas opções. Assim, trata-se de escolha, não de desistência, e eu escolhi seguir.

Retomei os estudos de cabeça erguida e ampliei os horizontes para minhas vocações – e digo isso porque aprendi a ver que seria feliz e me sentiria adequada em mais de um ramo das diversas carreiras jurídicas existentes. O Ivan havia sido Delegado da PF e narrava a carreira muito positivamente. Eu, que sempre admirei a instituição na condição de cidadã, passei a almejar e me ver nessa nova posição, principalmente atraída pelo brilhantismo na atuação e pelas diversas áreas de atribuição, que tornam o tédio bastante distante da rotina.

De novo com as mãos à obra e com um objetivo específico em mente, dediquei-me especialmente à leitura de lei, jurisprudência, livros resumidos e questões de concurso (FUNDAMENTAL esse treino prático). Voltei a assistir a aulas, mas com o tempo mais reduzido para estudo, preferia ler o que já tinha compilado e fazer questões, as quais particularmente me agradavam, porque era mais fácil me concentrar no estudo mais ativo de fazer provas passadas do que ler outros materiais, apesar de também importantes.

Estudava pelo menos de manhã e à noite, quando estava em casa. Por vezes conseguia tirar uma hora à tarde, entre um trabalho concluído e outro por chegar. Final de semana confesso que sempre – sempre mesmo – foi o maior desafio para mim: estudava poucas horas, de modo que tinha que compensar o tempo faltante durante a semana, o que definitivamente não é o ideal. Tanto quanto possível priorizei estudar em casa, pelo conforto da roupa e facilidade de comodidades, mas tinha amigos que preferiam estudar em salas de estudo e bibliotecas, o que funcionava muito bem para eles.

Outra medida que me auxiliou em muitos momentos a me "disciplinar" foi cronometrar o tempo líquido de estudos. Toda hora que eu dispersava, parava o cronômetro, de modo que ao final do dia podia avaliar efetivamente o quanto havia rendido.

Aberto o edital da PF, foquei na revisão do máximo de conteúdo possível, no intuito de ampliar a gama de informações que, apesar de "voláteis", são bastante úteis poucas semanas antes das provas. Com o auxílio da minha irmã mais nova, que também estava estudando, consegui avançar ainda mais nas questões de concursos, debatendo com ela os assuntos e organizando cada tema que constava do edital, em especial as leis de cunho criminal.

A primeira fase foi uma boa surpresa, pois poucos temas foram inesperados. O treino com questões voltadas às leis foi extremamente útil. Deparei-me com o feliz resultado de ter sido aprovada na primeira e segunda fases, que ocorreram no mesmo dia, seguindo então para o teste de aptidão física e a prova oral. Esses são capítulos à parte, pois mais específicos. A dica é preparar-se com antecedência de meses nos treinos físicos (o que não fiz, de forma que sofri para alcançar o condicionamento necessário nas modalidades exigidas). Quanto à prova oral, é interessante exercitar em voz alta, alinhar o tempo de resposta, os trejeitos e, até mesmo, filmar-se para enxergar "de fora" a postura, o tom de voz, a fluidez da fala, etc.

Passada essa batalha, veio a Academia Nacional de Polícia, que, apesar de árdua, revelou-se uma experiência inesquecível, pela qual sinto muita gratidão.

Creio que o concurso de Delegado de Polícia Federal é um dos mais completos: exige equilíbrio em várias frentes, pois além do conhecimento jurídico, nos viéses escrito e oral, são também avaliados o psicológico e o físico, além de, como derradeira etapa, as diversas provas da ANP.

Hoje me vejo trazendo aquela famosa frase à tona: "graças a Deus nem tudo o que queremos acontece". O que antes parecia não planejado revelou-se como o mais acertado. Sinto-me honrada por ter chegado aqui, mesmo que por vias transversas. Finda uma etapa, outra se inicia.

Em síntese, humildemente deixo uma mensagem final a título de dica aos futuros colegas: priorize a qualidade dos estudos, mantenha o ambiente e a mente organizados e, não apenas, mas principalmente, leia a lei e faça provas anteriores. Por fim, permita-se escolher o caminho a trilhar, qualquer que seja este.

Cada um tem realidade e dificuldades próprias e, certamente, haverá momentos de desalento, tristeza, desespero. Contudo, dentro de sua fé e suas convicções, é importante ter em vista que essa fase de preparação tem a riqueza de demonstrar toda a garra e o poder de superação que se carrega dentro de si.

Força, fé e foco!

Letícia Santin Garcia Marx
Delegada de Polícia Federal

MÁRCIO TEIXEIRA

"Os dois dias mais importantes da sua vida são o dia em que você nasceu e o dia em que descobre o porquê." (Mark Twain)

E assim iniciou a guerra. Já tinha grande admiração, desde a infância, pelas carreiras militares. Na adolescência, inclusive, arrisquei a disputa pela EsPCEx. Em meados de 2007, graduado em Educação Física, a vontade de me tornar Agente Polícia Federal movimentou o espírito combativo. Até então, minha preparação em nível competitivo estava longe. "Abri" uma velha apostila para concursos e "acelerei" por alguns meses. Eis que aparece o concurso da PRF com vagas destinadas ao Pará. Adaptação. Dada a largada ao estudo da legislação de trânsito para complementar, viajei até Brasília para o dia da prova. Concurso suspenso. "Vazaram" a prova, venderam o gabarito. Em 2018, retomada do certame. Veio a grande notícia. Aprovação. Incrível. Realmente, tinha conseguido. Acordei pela manhã e meu nome estava lá entre os 80 primeiros colocados.

Tive excelentes momentos nessa nobre instituição. Valorosos colegas. Milhares de apreensões de drogas. Carros roubados recuperados. Policiamento ostensivo de excelência. Recomendo. Mas, a chama do guerreiro ainda não estava satisfeita. O desafio/sonho "Polícia Federal" ainda estava em aberto. Agora, a missão havia tomado outros contornos: Delegado de Polícia Federal. Removido para Cascavel/PR, integrando o Grupo de Policiamento Tático, em meio ao trabalho operacional da "Faixa de Gaza" (rsrs, em razão da proximidade com o Paraguai), dei início ao curso de Direito. O último edital para delegado era distante, quase um "tiro no escuro": estudar para um cargo sem qualquer expectativa de prova, e mais, com uma faculdade inteira pela frente.

"Não se trata de quão forte pode bater, trata-se de quão forte pode ser atingido e continuar seguindo em frente." (Rocky Balboa)

Alguns amigos haviam "migrado" para Auditor-Fiscal da Receita Federal, falavam muito bem do cargo e da estatura próxima ao de delegado. Desvio de percurso. Caí na tentação do atalho. Tranquei o curso de Direito e investi em um novo projeto. Foi a coisa mais estranha que posso dizer que me moveu. Aquele estudo não "era pra mim". O plexo de matérias cobrados. O distanciamento das matérias policiais e jurídicas, enfim, parecia "remar contra a maré".

E, com pouco tempo de preparação para o difícil concurso, veio a prova. "Tomei ferro". A dor da derrota sempre pesou forte nos meus ombros. Sou competitivo. A luta só acaba quando eu venço. Ouvi uma voz dizendo: volte ao plano original. Desprezei. Queria vencer. Iniciei a preparação para o próximo certame. Em 2014, fui aprovado na condição subjudice, tendo de recorrer de uma questão em juízo. A ESAF tinha disso, não "dava o braço a torcer" em gabaritos absurdos.

Tomei posse. Sobreveio o exercício do cargo de auditor--fiscal. Aí, foi nítido: havia nascido pra ser policial. Não iria me aposentar naquele órgão. Era um peixe fora d'água. Em meio a batalhas judiciais, o tempo foi passando, o processo se acomodando. Mas, decidi retomar o curso de Direito.

"In the warriors code, there's no surrender. Though his body says stop, his spirit cries – never!" (Survivor – Burning Heart)

Nessa confusão, investi no retorno à rota original, pedi recondução à PRF. Precisava concluir a graduação, tendo tempo para dedicação ao certame. "Apostei todas as fichas".

No fim de 2017, já havia rumores sobre um novo concurso para Delegado de Polícia Federal. Ainda estava submerso na missão "faculdade". Mas reuni meus pedaços e iniciei a reconstrução da minha armadura. Era um combate "cirúrgico". Não havia espaço para falhas. Tinha de dar tempo de finalizar o curso de Direito, estudando em alto nível para o concurso público.

"Você vai ter que passar pelo inferno, o pior pesadelo que você já sonhou. Mas quando acabar, eu sei que você vai ser o único em pé. Você sabe o que tem que fazer. Faça. Faça!" (Duke, em Rocky 4)

Iniciou 2018. Gás total. Não tinha tempo perdido. "Bateria de questões" na sala de aula da faculdade. Leitura de julgados a todo instante. Almoçava assistindo vídeos jurídicos. Estudava como se não houvesse chance de errar. Já havia sentido o amargo gosto da derrota. E mais: "ninguém queria mais do que eu!". E não queria caminhos análogos. Só me satisfazia um: DELEGADO DE POLÍCIA FEDERAL!

A prova chegou e eu estava "voando". Mas sabia que candidatos fortes, oriundos do estudo para magistratura, MPF etc., estariam concorrendo também. A estratégia foi apostar na coragem. Em provas do CESPE, o pessoal é cauteloso, só "marca" o que, realmente, sabe. Eu não. Fui pronto para responder a prova inteira. Mesmo em dúvida, seria a minha chance. Seria o meu diferencial. Deu certo. Avancei para a próxima etapa. Mas, como em toda luta há golpes inesperados (mesmo sendo atento às premissas de Sun Tzu), fui atingido com um "soco no estômago": "passei 2 questões com gabarito equivocado na folha de respostas". Custaram-me 4 pontos. Fui arremessado para o fim da fila. Desespero. Sabia que precisava estar entre os 114 primeiros para ser convocado para a ANP. "Destruí" na prova discursiva e peça jurídica. Fui alçado à posição 235!

Sobreveio o TAF. Meus pais assistiram ao teste. Lutei "em casa". 80 combatentes tombaram em minha frente. Já havia "mergulhado" entre os 155 primeiros.

"Lutei tanto, tantos anos para chegar isso. Vai ter que dar."
(Ayrton Senna)

"É parceiro, o sistema é foda" (Tropa de Elite).

Tantas pancadas e ali estava eu olhando a porta de entrada da ANP, a poucas vagas de distância, sem saber se alcançaria.

Prova oral. "Pressão total". Pronto. Decidi que seria lá que "tiraria a diferença". Exigi o meu melhor. A nota máxima. Bom, o "gabarito" não veio, mas, com a alta pontuação, pulei para os 130. Faltava pouco. Enlouqueci. "Acelerei" para concluir uma especialização em direito penal e somar mais umas migalhas, juntamente com meu tempo em atividade policial, na prova de títulos.

O edital de convocação, aquele derradeiro, saiu! Lá estava meu nome! 114! Esse número que persegui desde o início. Nem precisava tanto. Depois, vi que chamaram até o 122 (creio eu) para a primeira turma de ampla concorrência. Missão cumprida.

Bons ventos conspiraram na ANP. Não fui o que mais estudou lá dentro. Minha guerra havia sido travada fora daqueles portões. Aproveitei os momentos. Fiz grandes amigos e fui agraciado com a 23ª posição. É, a vida tem dessas, parceiro: quando é nosso, ninguém tira!

Go all the way – Charles Bukowski

"If you're going to try, go all the way.

Otherwise, don't even start.

This could mean losing girlfriends, wives, relatives and maybe even your mind.

It could mean not eating for three or four days.

It could mean freezing on a park bench.

It could mean jail.

It could mean derision.

It could mean mockery — isolation.

Isolation is the gift.

All the others are a test of your endurance, of how much you really want to do it.

And, you'll do it, despite rejection and the worst odds.

And it will be better than anything else you can imagine.

If you're going to try, go all the way.

There is no other feeling like that.

You will be alone with the gods, and the nights will flame with fire.

You will ride life straight to perfect laughter.

It's the only good fight there is."

Márcio Teixeira

Delegado de Polícia Federal

VII
PERGUNTAS E RESPOSTAS DIRETAS

Algumas perguntas que me são feitas por amigos e mesmo desconhecidos que estão estudando ou decidiram começar a estudar estão abaixo relacionadas, respondidas de forma direta e objetiva.

Como começar do zero? Para começar do zero precisamos desenvolver uma boa base de conhecimento jurídico. Portanto, não adianta querer pular etapas, foque primeiramente em adquirir um conhecimento básico voltado para concursos de carreiras jurídicas. Isso pode ser feito por meio de livros, apostilas, resumos ou cursinhos de videoaulas. Minha preferência para um momento inicial (do zero mesmo) é por um cursinho, deixando os livros para as próximas etapas.

Estudar antes de o edital sair? Essa é a reposta mais fácil. Sem dúvida alguma. Preparação após o edital é certeza de reprovação. Não há tempo para ver tudo. O que é possível é quando estamos estudando para um grupo de carreiras, deixar as matérias especificas de uma delas para depois do edital, como fiz com a PF.

Focar em uma área específica? É essencial. Eu focava nas carreiras jurídicas federais. Muitas vezes, como foi o meu caso, o estudante não tem certeza de em qual área estará mais feliz, ou melhor exercerá sua vocação. Desde que se se estabeleça uma área com afinidade de conteúdo cobrado, é plenamente possível, penso eu, estudar adequadamente tendo essa área como objetivo. Foi essa a minha estratégia. Como ainda não tinha certeza de qual área gostaria de seguir, levando em conta as matérias com as quais eu possuía mais afinidade, a vontade de um dia poder voltar para perto de casa e outras questões, optei por estudar para a área das carreiras jurídicas federais.

Como escolher um bom material de estudo? Como saber por onde estudar? Busque na internet os melhores do mercado. Encontre pessoas que já tenham sido aprovadas e procure aconselhamento sobre onde estão as melhores fontes de estudos. Consulte *blogs*, perfis e *sites* especializados administrados por candidatos que já foram aprovados. Algumas boas fontes já foram citadas aqui no livro, pois são quase que uma unanimidade, tais como o "qconcursos" e o "Dizer o Direito". Se, mesmo após uma boa pesquisa, você se sente na dúvida, não há solução. Vai ter de ir testando e aprendendo. É por isso que eu digo e repito que estudo para concursos de alto nível é um projeto de longo prazo.

Devemos fazer provas constantemente? Fazer provas reais sempre será uma experiência melhor do que resolvê-las em casa. O nível de adrenalina e atenção é outro. Porém, o concurseiro deve avaliar o lado financeiro, se há uma boa relação custo benefício. Não adianta sair viajando de avião o país todo, se você não está nem medianamente preparado para realizar a prova. Desperdício de tempo e dinheiro. Seja mais profissional e prepare-se antes em casa. Se sentir-se preparado e tiver condições, obviamente deve fazer provas onde quer que elas sejam realizadas.

PERGUNTAS E RESPOSTAS DIRETAS   161

Fez algum cursinho de videoaulas? Quando começamos a falar de fontes e métodos de estudo a coisa fica bem pessoal. Quanto a cursinhos de videoaulas o que eu posso dizer e que eles foram bem positivos na minha preparação, especialmente para formar minha base em algumas matérias. Por isso, minha primeira indicação para aqueles que ainda estão buscando formar uma boa base jurídica é procurar um cursinho. As videoaulas são uma forma diferente de estudar, que quebram um pouco a monotonia da leitura e prendem mais nossa atenção. Há aqueles que têm certo preconceito com relação a videoaulas, mas no final das contas o que vale é que o conteúdo seja absorvido, seja qual for o método adotado. Portanto, do meu ponto de vista, os cursinhos são um bom investimento, especialmente para quem está começando, desde que, claro, seja um cursinho de qualidade. Com a internet, é possível termos os melhores professores de cada matéria, muitos dos quais autores famosos, e é isso que você deve procurar quando contratar um cursinho: os melhores.

Devo comprar livros de Doutrina? Vale a pena ter livros de doutrina, sim. No entanto é preciso fazer uma distinção. Há livros de doutrina mais teóricos, volumosos e pouco utilizados para concursos e há livros que têm uma linguagem mais objetiva, mais focada no direito positivo e que, apesar de densos, são bastante interessantes para concursos. O livro do Professor Renato Brasileiro, por exemplo, bastante denso, é, na minha opinião, o melhor livro de concurso de processo penal. Mesmo que você não vá lê-lo de capa a capa, servirá para tirar suas dúvidas. Então considero, sim, positivo, possuí-lo. Se for para ter um livro base, para ser utilizado como sua fonte de estudo principal da disciplina, busque sempre livros mais objetivos e voltados para concursos, mesmo sendo sinopses ou até resumos de cursinhos.

Como revisar? Conforme já falei, é essencial desenvolver um método de revisão, seja por grifos, resumos, "post-it" ou qualquer outro que você inventar. Isso porque é humanamente impossível sempre reler todo o material, como numa primeira leitura. O meu método de revisão era baseado em resumos feitos por mim, a partir de diversas fontes. Isso me rendeu muitos benefícios, como memoria visual, revisão rápida e completa, melhor absorção de conteúdo (quando se resume, em regra absorve-se mais do que apenas lendo). Recomendo testar esse e outros métodos de revisão e verificar se se adequam ao seu perfil e à sua rotina.

Fez alguma pós ou mestrado? Não é necessário para a sua aprovação. A fase de títulos está longe de ser um diferencial no resultado final do nosso concurso. Eu, por exemplo, não possuía nenhum título e consegui manter minha colocação. Portanto, a decisão de fazer ou não uma pós-graduação é muito pessoal. No meu caso, tenho vontade de fazer um mestrado, mas deixei esse objetivo para depois da minha aprovação e estou muito satisfeito com a escolha.

Estudava quantas matérias por vez? Mais uma vez, uma escolha muito pessoal. Em regra, eu costumava estudar apenas uma matéria por vez. Adotava como estratégia estudar todo o conteúdo ligado a uma matéria inteira ou um ponto da matéria inteiro, fazer questões relacionadas a ela, elaborar meu resumo, conhecer a jurisprudência relacionada, etc. E assim, só prosseguia para o próximo assunto quando dominasse completamente esse primeiro, não importando quanto tempo isso demorasse.

Cronometrava tempo de estudos? Não! Ao planejar o estudo e traçar metas, eu não levava em consideração "quantas horas havia estudado no dia. Não tinha metas em relação a isso. Sempre procurei desvincular a ideia de horas de estudo da ideia de objetivo cumprido. Para mim, não é a quantidade de tempo de estudo atingido que determina se a meta foi ou não cumprida, mas o conteúdo vencido. A premissa por trás dessa estratégia é a de que horas de estudo não garantem acertar questões, o que

PERGUNTAS E RESPOSTAS DIRETAS   163

garante acertar questões é conteúdo absorvido. Assim, minhas metas eram dividias apenas em assuntos estudados. Se estudei uma hora e absorvi o conteúdo que me propus a estudar, tendo feito tudo aquilo que fixei como meta (questões, resumo, jurisprudência relacionada, etc.), passo adiante. Se estudei dez horas e não consegui vencer aquele assunto, cumprindo aquela meta, não passo adiante. Mas, novamente: essa é uma estratégia pessoal, conheço muitos aprovados que cronometravam seu tempo de estudo.

Como decidir se vou gostar da área policial? Essa é uma dúvida de muitas pessoas. Quem vê de fora a Polícia Federal a vê cercada de uma aura mística, retratada pelas reportagens, séries e programas televisivos. De fato, a realidade, apesar de não ser tão fantástica como muitos imaginam (não estamos todos os dias investigando senadores, impedindo assaltos a banco, prendendo chefes do tráfico), é sim muito dinâmica e proporciona experiências diferenciadas. A atividade policial e investigativa é bem interessante, talvez a menos monótona que você pode encontrar no serviço público. Portanto, não é difícil gostar da área. Imagino que quem não gostaria de estar na PF, seria alguém que é muito apegado à rotina e prefere o máximo de tranquilidade possível. Mesmo assim acredite: é difícil não gostar da área policial. Além disso, conforme também já relatei, a PF tem espaço para todo tipo de perfil. Temos inúmeras áreas, que vão desde a imigração ao assalto a banco, da corrupção ao tráfico. Tenho certeza que quem entrar não vai se arrepender.

VIII

MENSAGEM FINAL

Procurei dividir o livro em partes, de modo que cada uma estivesse relacionada a um aspecto da árdua tarefa que é ser aprovado em um concurso público de alto rendimento. Espero que o conteúdo apresentado seja valioso para percorrer esse caminho. Apesar disso, sei que a maior parte do que é necessário nessa batalha dependerá do esforço, equilíbrio, foco e perseverança de cada um.

Portanto, a mensagem final que gostaria de deixar aqui é muito mais sobre como cada um de nós deve enfrentar e encarar essa trajetória. Apesar de a minha não ter sido uma trajetória tão longa até a posse (pouco mais de três anos, contando apenas o período pós-faculdade), não foram poucos os obstáculos superados. Passei por muitas situações e momentos complicados, desde o início, onde impera uma sensação de desorientação, passando pelo meio do caminho, quando vêm as reprovações, surge o desânimo, insegurança, estresse e ansiedade, até o fim, onde finalmente tudo parece tomar sentido. Nunca é fácil.

Deixei de trazer aqui muita coisa. Muitos acontecimentos pessoais, angústias, dificuldades, que não foram pequenas. Trouxe apenas um resumo da minha trajetória.

Por um simples motivo.

Os detalhes da minha trajetória não importam. Todos passamos por dificuldades, alguns financeiras, outros familiares, outros psicológicas, outros de saúde, enfim. A vida de concurseiro me parece ser um imã para esse tipo de coisa. Sofremos dramas semelhantes. Por vezes temos a sensação de lutar por algo muito distante e incerto, e sentimos o peso de vivermos dessa forma.

Certos acontecimentos se somam a essa natural dificuldade e pioram tudo. Nesses momentos, agarre-se à sua determinação, à sua esperança e faça o que deve ser feito. Ser concurseiro também é uma oportunidade de autoconhecimento, crescimento interior, intelectual e espiritual. Estamos fazendo uma das atividades mais nobres da vida, que é buscar vencer pelo conhecimento. Nunca saímos piores, sempre melhores. Lembremos que, inclusive, poder estudar ainda é um privilégio no nosso país. Portanto, agarre-se à sua missão e siga em frente.

Outra mensagem que gostaria de deixar é que, por mais que sempre tivesse a intenção de ingressar numa careira jurídica federal, sem muita certeza de qual, várias oportunidades me apareceram durante a minha trajetória. Apesar de manter o foco no meu objetivo, não me neguei a enfrentá-las.

É por isso que, mesmo com o foco no meu desejo, não deixei de prestar concursos para técnico judiciário, analista judiciário, promotor de justiça, advogado, defensor público, entre outros. Ao final, vejo que o aprendizado adquirido nessas provas foi essencial para a prova da minha vida, a de Delegado de Polícia Federal. Portanto, a lição eu quero deixar é que é necessário ter foco e objetivo definido, mas estar atento para as oportunidades e portas que se abrem ao longo do caminho.

Uma terceira lição que gostaria de deixar é sobre autoconfiança. Minha impressão de concurseiro sempre foi a de que primeiros lugares eram seres extraterrestres, superdotados, que só viviam para estudar, não saíam de casa, etc. E para minha surpresa acabei sendo um deles. Logo eu, uma pessoa normal que, há pouco tempo, havia sofrido com a reprovação. Não estou querendo me gabar, mas apenas passando aos leitores a minha real sensação ao ver esse resultado e mostrar que podemos alcançar coisas inimagináveis.

Não conseguia enxergar, lá no começo, como adquiriria o conhecimento necessário para a aprovação, tampouco para passar tão bem classificado. Hoje vejo que é, sim, possível que alcancemos esses feitos. Podemos nos transformar, crescer e surpreender a nós mesmos. E esse crescimento é feito aos poucos. Evoluímos sem que percebamos. Por outro lado, os resultados são repentinos. Quando imaginamos que eles ainda estão distantes, começam a aparecer.

Nunca tenham o receio de não chegar onde desejam e, principalmente, não deixem de tentar e começar projetos por causa disso. Com dedicação e paciência sempre chegaremos a um **lugar melhor**.

Boa sorte a todos, e aguardo vocês nas futuras missões da Polícia Federal.

ANOTAÇÕES

ANOTAÇÕES

ANOTAÇÕES

ANOTAÇÕES

ANOTAÇÕES

ANOTAÇÕES

ANOTAÇÕES

ANOTAÇÕES

www.editorajuspodivm.com.br